Bibliografische Information der Deutschen Nationalbibliothek
Die Deutsche Nationalbibliothek verzeichnet diese Publikation in
der Deutschen Nationalbibliografie; detaillierte bibliografische
Daten sind im Internet über http://www.dnb.de abrufbar.

ISBN 978-3-8429-2018-7

Bestell-Nr. 5.122.018
© 2014 mediaKern GmbH, 46485 Wesel
Umschlagbilder:
Vordergrund (Kind): Valon Blakaj
Hintergrund: Getty Images / Josh Abbe
Umschlaggestaltung: Ch. Karádi
Satz: J. Deusch
Lektorat: Dr. Ulrich Parlow
Gesamtherstellung: Drukarnia Dimograf, Bielsko-Biała, Polen
Printed in the EU 2014

www.media-kern.de

Gerhard Jan Rötting

Das Wunder in der Weihnachtstüte
und weitere wahre Erzählungen

Gerhard Jan Rötting
Das Wunder in der Weihnachtstüte

Inhalt

Das Wunder in der Weihnachtstüte 7

Jetzt will ich mal Tacheles reden 53

Ich habe verstanden 85

Das Wunder in der Weihnachtstüte

Der Muezzin singt heute schon zum zweiten Mal seinen Gebetsaufruf vom hohen Minarett, das neben der Moschee steht – keine hundert Meter Luftlinie von unserem Gemeindehaus in Istog entfernt. Und die Gebetsaufrufe werden über phonstarke Lautsprecher der muslimischen Bevölkerung fünfmal am Tag kundgetan. Doch niemand scheint sich daran zu halten. In den Cafés reden die Männer trotzdem miteinander weiter – keiner fällt auf die Knie, um zu beten. Im Möbelgeschäft wird zwischen dem Ladenbesitzer und einem Ehepaar währenddessen über einen möglichen Nachlass bei Barzahlung verhandelt – da kommt keine Gebetsfreude auf. Im benachbarten Einkaufszentrum schlendern rund vierzig Männer und Frauen, vergleichen die Preise der Waren in den Regalen und beschließen, das ein oder andere Produkt in den Einkaufswagen zu legen – ihre Entscheidung, ob sie nun beten sollen, wozu der Muezzin sie mit dröhnendem Lautsprechergesang in arabischer Sprache immer noch auffordert, diese Entscheidung findet gar nicht statt. Der Autoverkehr läuft in den Nebengassen ebenso weiter wie auf der Hauptstraße in Istog. Schließlich beendet der Muezzin seine Bemühung. Wie ich erfahre, weiß jeder Einwohner der Kleinstadt Istog: Der lautstarke Gebetsaufruf stammt nicht von einem ortsansässigen frommen Muslim, sondern eine CD spielt auf die Minute genau die täglichen Gebetsaufrufe ab. Irgendwo in Arabien wurden diese Gesänge produziert und dann exportiert. Auch in den Kosovo.

Die meisten Einwohner von Istog haben es übers Radio oder im Fernsehen »offiziell« erfahren: Arabische Staaten haben in diesem Jahr bereits 35 Millionen US-Dollar an eine radikal-islamistische Organisation im Kosovo überweisen. Zweck der Spende: die Islamisierung des Kosovo.

Ich staune über diese hohe Finanzspritze. Soll ich sie vergleichen mit der Summe, die unsere deutschen Freunde im letzten Jahr für die Dienste im Kosovo gespendet haben – jene 60.500 Euro? Ich brauche nicht zu vergleichen. Denn ich weiß: Jeder Euro – für unseren Einsatz im Kosovo gegeben – wiegt schwerer als die Millionen US-Dollar, die dank der arabischen Ölgewinnung sprudeln. Was können diese Petrodollars bewirken? »Religion« – vielleicht. Aber im Kosovo brauchen die Menschen keine Religion, die von Funktionären »betrieben« wird, damit die Moscheen funktionieren.

Vor ein paar Wochen führten unsere Mitarbeiter eine deutsche Besuchergruppe an einem Freitag – dem Feiertag der Muslime weltweit – in die Moschee in Istog. Etwa zwanzig Paar Schuhe stehen vor dem Haupteingang, denn die Beter ziehen ihr Schuhwerk aus, bevor sie das Bethaus betreten. Füße und Haupt, Hände und Ohren werden einer Waschung untergezogen. Als die Gruppe in die Moschee kommt, sehen sie nur zwei Personen: den Moscheewärter und den Hodscha, das geistliche Haupt der Moschee. Die Deutschen fragen erstaunt: »Und wo sind die achtzehn Betenden?«

»Achtzehn Betende?«, fragt der Hodscha erstaunt.

»Ja, es stehen doch zwanzig Paar Schuhe vor der Tür.«

»Ach so, die stehen nur dort, damit jeder, der an der Moschee vorbeigeht, denkt: ›Oh, so viele sind heute versammelt!‹«

Die Täuschung funktioniert bestens. Und das Gebet …?

Kommt die christliche Gemeinde am Sonntag in Istog zusammen, dann stehen überhaupt keine Schuhe vor dem Eingang des Gemeindesaales. Wieso nicht? Ganz einfach: Die Gemeindeglieder und die Besucher brauchen ihre Schuhe nicht auszuziehen. Jeder kann hereinkommen, wie er ist. Im Raum stehen hundert Stühle – sie sind meistens alle besetzt. Oft stehen die jungen Erwachsenen und unsere Studenten an den Wänden. Sie wollen beim Gottesdienst unbedingt dabei sein – auch wenn es für sie keinen Sitzplatz gibt. Denn Gottes lebendiges Wort hören und gemeinsam beten: Das gibt Lebensimpulse für die ganze bevorstehende Woche. Und darüber hinaus fürs Leben.

Wenn man bedenkt: Erst vor 25 Jahren bin ich zum ersten Mal in den Kosovo gekommen. Schon bei diesem ersten Besuch geschieht ein Wunder: Eine Familie kommt zum Glauben an den Sohn Gottes – Jesus. Und damit beginnt eine Glaubenserneuerung. Es ist – um ein Bild zu verwenden –, als sei ein Stein ins Wasser gefallen und ziehe nun viele Wellenkreise, immer mehr und immer weitere.

Erst entsteht ein Hauskreis, der in den folgenden Jahren zu einer Gemeinde heranwächst. Auch ein Seminar wird gegründet, in dem ständig zwölf bis vierzehn Studenten die Bibel studieren – und diese jungen Erwachsenen stammen samt und sonders aus muslimischen Familien. Und ohne dass jemand Druck auf sie ausübt, bitten sie darum, christlich getauft zu werden. Jeder Muslim, der Jesus als seinen Herrn annimmt und ihn als seinen Heiland bekennt, riskiert es, aus dem muslimischen Familienverband ausgeschlossen zu werden. Und nicht nur das – sie werden außerdem als »Verräter« beschimpft. Manche erhalten Morddrohungen. Aber auch wenn sie von ihren eigenen Familienangehörigen verstoßen werden: Sie bleiben dem Herrn Jesus treu.

In der folgenden Geschichte erzähle ich von dem sechsjährigen Jungen Olti, der gehört hat: Die Christen in Istog feiern ein großes Fest. Sie feiern die Geburt ihres Heilandes. Und dieser Heiland – Jesus Christus – tut Wunder. Daheim liegt seine kranke Mutter – und sie würde eigentlich dringend ein Wunder brauchen …

KOSOVO

Ziemlich umständlich löffelt Berat, der junge Familienvater, seine Suppe aus dem tiefen Teller. Beide Hände sind mit Mull umwickelt. Vor drei Tagen ist ihm auf der Baustelle ein Unglück zugestoßen: Beim Aufräumen löste sich unerwartet aus dem Hebekran ein schwerer Holzbalken. Zwar fiel er ihm nicht auf die Schulter, aber auf seine beiden kalten Hände.

Längst ist im Kosovo der Winter mit kräftigem Frost eingekehrt. Es liegt eine dünne Schneeschicht auf dem Land. Das Thermometer zeigt an diesem frühen Dezembermorgen zwischen vier und sieben Grad minus an. Als Berats Kollegen den Holzbalken beiseitewälzen, ist die Verletzung zu erkennen: Die Haut ist an mehreren Stellen auf beiden Handrücken aufgeplatzt. Blut rinnt nur ein wenig, und so beißt er kräftig die Zähne zusammen, um seine Schmerzen zu verbergen.

»Lass die Wunden ausbluten«, ruft ihm der Obermaurer zu, »das reinigt sie.«

Ein Kollege rät ihm, zum Arzt zu gehen, doch Berat mag nicht, denn beim Doktor hat er noch Schulden. Seine Frau Drita kränkelt seit zwei Jahren derart, dass sie oft tagelang auf dem Küchensofa liegt, weil an Aufstehen nicht zu denken ist. Wie viel Geld hat Berat schon zum Arzt gebracht, von dem er Hilfe erwartet – ohne größeren Erfolg. Denn

Drita ist und bleibt schwach. In den letzten Wochen war sie nicht einmal in der Lage, das tägliche Essen herzurichten oder die Wäsche zu waschen und zu bügeln, geschweige denn den Haushalt im kleinen, niedrigen Häuschen in Schuss zu halten.

Und nun trifft also das nächste Unglück ein: Berats Hände, die er doch täglich braucht, um damit Geld für seine Frau und den sechsjährigen Olti zu verdienen! Seine Arbeitskollegen haben einen Schnellverband um beide Hände gewickelt. Das muss genügen. Dann haben sie ihn nach Hause geschickt. Seine Hände sind allerdings so verletzt, dass er sich sorgt, vorläufig überhaupt keine Arbeit mehr anpacken zu können. Wie soll er demnächst Geld verdienen? Und Geld – wenn es nicht vorhanden ist, dann schläfst du nachts stundenlang nicht und wälzt dich im Bett herum. Eines ist sicher: Um seine Hände ärztlich behandeln zu lassen, sind keine Mittel mehr vorhanden – so nötig es wäre. Jeder Arzt im Kosovo hält dir erst einmal seine hin, um zu kassieren, bevor er mit der Behandlung beginnt. Eine Krankenversicherung gibt es bekanntlich nicht. Und ginge Berat jetzt in die Arztpraxis, dann würde der Doktor ihn höchstwahrscheinlich staunend anschauen und fragen: »Du kommst, um die fällige Rechnung zu begleichen, oder?« Solche Demütigung – dazu von einem Arzt – will er sich ersparen.

Berat legt den Löffel umständlich aus seiner mullumwickelten rechten Hand – mit der linken schafft er es ohnehin nicht, den Löffel zu halten, um die dünne, fleischlose Graupensuppe zu essen. Beide Hände schmerzen bei der kleinsten Bewegung. Nun schaut er traurig zum Sofa herüber, auf dem seine Frau Drita still liegt. Immer hat sie sonst ein gutes Wort für ihn. Jetzt aber schweigt sie. Ihre Augen bleiben geschlossen.

»Drita …?«

Sie wendet ihr schmales Gesicht ihrem Mann zu.

»Drita, ich sehe, du weinst.«

Einen kurzen Augenblick stoppt Berat seine Worte. Hat er in der Waschküche Geräusche vernommen? Die »Waschküche« hat Berat vor Jahren selber als Vorraum zur Wohnküche gezimmert und mit einer Kochstelle versehen. Eigentlich war dieser kleine Raum als ein Provisorium gedacht gewesen. Als er ihn mit einer Anrichte versehen und eine Außentür eingebaut hatte, wollten Drita und er schon bald nicht mehr auf diese Waschküche verzichten. Besonders im Sommer liebt Mutti Drita diese Erweiterung an der kleinen Wohnküche, wo sie die Gartenfrüchte in Gläser als Wintervorrat einkochen kann, was früher in der Wohnküche erledigt werden musste.

»Ob Olti in der Nähe ist?«, fragt der junge Vater in leisem Ton mehr sich selbst.

Ach, Olti. Der aufgeweckte sechsjährige Sohn meidet seit Vaters Unfall das Familienleben. Nur zum Essen der meistens mageren Suppe setzt er sich an den Küchentisch – und das am liebsten, wenn neben dem Teller ein Stück Brot liegt. Doch das passiert in den letzten Tagen nicht mehr: Vater ist mit seinen verbundenen Händen so unbeholfen wie ein Krüppel. Ja, Vater *ist* ein Krüppel! Und Mutti? Sie kann doch in den kalten Tagen nicht nach draußen, um einzukaufen. Sie ist so elend und schwach. Und ob überhaupt Geld im Häuschen ist, um ins Geschäft zu gehen zum Brotkaufen?

Denkt Olti ans Brot, dann beginnt sein Magen zu knurren. Richtig satt ist er seit Vaters Unfall nicht mehr geworden. Es wurmt ihn: Mutti liegt meistens auf dem Sofa in der Küche und kann kaum etwas tun. Vater kommt mit seinen verbundenen Händen morgens nur mit Mühe in seine Kleidung – und abends tut er sich schwer, aus seinen Kleidern zu kommen. Darum meidet Olti seine Eltern: Er kann ihr Leid nicht ertragen. Er schämt sich seiner Eltern, die ihm kein Brot mehr geben.

Auch jetzt knurrt sein Kindermagen wieder heftig. Deshalb schämt er sich, draußen mit den Nachbarkindern zu spielen. Sie würden hören, dass er Hunger hat. Seine Eltern sind jetzt richtig arm. Das bekommt er mit jedem Tag mehr zu spüren. Schaut er auf den Holzstapel, dann merkt er, dass mit Brennholz mächtig gespart wird. Sein Vater sagt: »Holz ist so teuer.« Deswegen kann die Wohnküche nur spärlich mit dem Bullerofen beheizt werden. Es ist kalt im Haus. Darum spielt er normalerweise lieber draußen, wenn er auch friert. Aber im Garten und auf der Straße kann er wenigstens rumtollen.

Doch das Schlimmste: Bisher musste Vater jeden Freitag vom Wochenlohn etwas Geld zum Arzt bringen. Die Praxiskosten und die nötigen Medikamente für Mutti – so wollte es der Doktor – seien regelmäßig in kleinen Raten zu bezahlen.

Noch nie hat Olti sich Gedanken über etwas machen müssen. Immer waren seine Eltern da, die für ihn sorgten. Er hatte Schuhe, die stets gut besohlt waren. Darauf achtete Vater. Eine dicke Winterjacke bekam er zu seinem sechsten Geburtstag von Mutti geschenkt; das Geld habe sie sich vom Munde abgespart, sagte sie. Immer, wirklich immer sorgten seine Eltern für ihn. Doch heute: Er kann sich nicht erinnern, jemals so mächtig Hunger gehabt zu haben wie an diesem Tag. Wird das arme Leben immer so weitergehen – wie jetzt?

Berat ist vom Tisch aufgestanden und beugt sich liebevoll über seine junge Frau: »Drita, bitte weine nicht! Vielleicht wird alles bald besser!«

Mit seinem Taschentuch wischt er ihr die Tränen aus dem Gesicht: »Drita, ich kann mir deine Tränen nicht länger anschauen! O Drita, weine nicht länger so still vor dich hin!«

Drita, die noch immer die Augen geschlossen hält, nickt ihrem Mann zu und greift vorsichtig nach seinem Ellenbogen: »Berat, sei nicht traurig, dass du nicht arbeiten und keinen Verdienst nach Hause bringen kannst!«

Sie atmet schwer durch, so als ob in ihrem Durchatmen jeweils dicke Seufzer enthalten seien. »Es ist ja noch eine Kilotüte Buchweizen im Küchenschrank. Daneben steht die braune Tüte, in der Haferflocken sind. Das sind unsere stillen Reserven. Du, wir werden es schaffen, zwei oder drei Wochen ohne Geld auszukommen. Dann sind deine Hände geheilt. Glaube es mir!«

»Glauben? Drita, glauben …?«

Berat hat sich wieder an den Küchentisch gesetzt und legt die beiden verbundenen Hände vorsichtig nebeneinander: »Drita, ich kann an nichts mehr glauben! Niemand hilft. Der Arzt nicht. Die Medikamente für dich helfen auch nicht. Und deine Eltern? Ach, sie sind alt und brauchen selber Hilfe. Meine Eltern sind tot. Und unsere Lage kann kaum noch schwerer werden und ist noch schwerer zu bewältigen.«

In seinem Gesicht spiegeln sich Müdigkeit und Elend, Hilflosigkeit und Misstrauen. Aber Drita sieht in Berats Augen auch anderes, etwas Ungewöhnliches: seinen unbändigen Lebenswillen. Noch einmal atmet Berat tief ein und bläst dann langsam die Luft aus. In seiner Stimme liegt ein beißender Ton: »Und Allah – er scheint uns vergessen zu haben. Auf jeden Fall lässt er uns im Stich, Drita! Ich schwöre bei Allah: Ich habe Hunger! Und Olti auch.«

Mit erschrockenen Augen schaut Drita zu ihrem Mann auf. Was wird im nächsten Moment noch alles über seine Lippen kommen? Ihre Augen schwimmen in Tränen.

»Nur wenn es ein Wunder gibt, ist mein Glaube zu retten!«, fügt Berat schnell hinzu, als er sich auf die Sofakante zu seiner Frau setzt, um ihr nahe zu sein; um ihr in die verweinten Augen zu schauen.

»Ja, ein Wunder …!«, flüstert Drita.

Olti hat das ganze Gespräch seiner Eltern an der Waschküchentür mitgehört, denn die Tür steht einen Spaltbreit offen. Was macht eine Jungenseele lebendig? Ein plötzlich aufflammender Mut! Ja, in seiner kleinen Jungenseele keimt Wagemut auf. »Will Allah den Eltern nicht beistehen und helfen …? Das macht nichts. Ich kann etwas Gutes für sie tun.«

Für einen kurzen Augenblick legt er seinen Zeigefinger zwischen die Zähne, als könne er so besser überlegen: »Ich kann Mutti einen Kuss geben! Ich will mich vorsichtig auf Vaters Schoß setzen und meine Arme um ihn schlingen!«

Während Olti noch einen kurzen Augenblick innehält und darüber nachdenkt, was er – so klein er ist – den Eltern Gutes tun könne, hört er die leise Stimme seiner Mutti. Aufgepasst, jetzt muss er doppelt und dreifach hinhören, so leise redet sie:

»Vorige Woche kam Melisa zu Besuch. Du kennst sie – die Frau des Lehrers Muraj. Sie erzählte mir von ihrem Besuch bei den Christen, die sonntags zusammenkommen, um aus der Bibel zu hören. Melisa sprach wie eine glückliche Frau, die einen Schatz gefunden hat. Diese Worte aus der Bibel … Magst du überhaupt darüber hören, Berat?«

»Doch, doch, Drita, erzähl – dann erzähle ich dir

auch, was ich neulich von einem meiner Arbeitskollegen hörte, der Christ ist.«

Drita versucht, sich bequemer hinzulegen.

»Die Worte der Bibel – die hat Jesus Christus gesprochen. An Jesus und seine Worte glauben die Christen. Es sind einfache Worte. Gute Worte, die jeder versteht, sagte mir Melisa. Und dann erzählte sie mir davon: Jesus ist nicht irgendwer. Auch nicht nur ein Prophet. Jesus ist Gottes Sohn. Was er *sagt*, das *tut* er auch. Ja, er wirkt durch seine Worte sogar Wunder. Große und kleine Wunder.«

Die fahle Nachmittagssonne wirft ihr Licht durch das Fenster der Wohnküche und schenkt einen fast grauen Schein in den kalten Raum hinein. Berat klammert zwischen seine beiden verwundeten Hände mühsam die dünne Baumwolldecke und legt sie auf seine Frau: »Damit du nicht frierst, Liebste!«

»Ach, Berat, noch immer bist du so gut zu mir – auch jetzt, wo dir beide Hände so arg schmerzen … und du dich mit Hunger quälst.«

»Erzähle bitte weiter, was Melisa dir noch gesagt hat. Von den kleinen und großen Wundern, die Jesus durch seine Worte wirkt. Das interessiert mich nicht nur, da keimt eine stille Zuversicht, wenn ich so etwas höre.«

»Melisa erzählte von den Gottesdiensten.« Dritas

Stimme ist schwach, aber ein Hauch von Glück liegt in jedem Wort. »Weißt du das? Christen ziehen nicht ihre Schuhe aus, wenn sie sonntags den auferstandenen Herrn Jesus feiern – wie wir Muslime es tun, wenn wir in die Moschee eintreten. Christen sind nicht gesetzlich – wie wir. Sie sind darum froh und frei, weil eine schwere Gesetzeslast von ihren Herzen genommen ist. Und weil sie frei geworden sind, weil Jesus sie freigesprochen hat von Hass und Groll, von Zorn und Lieblosigkeit, darum tun sie so viel Gutes – an Armen, an Kranken und Kindern.

Stell dir vor: Sie laden am 24. Dezember alle schulpflichtigen Kinder zu ihrer Weihnachtsfeier ein. Alle Kinder, die in Istog wohnen, können kommen. Im letzten Jahr kamen mehr als 700 Kinder. Sie hörten von einem Wunder in einem Stall, in dem Jesus geboren wurde. Stell dir vor: Jesus, Gottes Sohn, wurde arm – wie wir Menschen –, um jeden auf der Welt zu retten. Aus Sünden und Schuld. Melisa sprach so begeistert von Jesus, dem Retter, dass ich, wenn ich nicht so elendig schwach wäre, zu den Christen gehen würde. Ja, wenn ich doch nur aufstehen könnte – ich würde zu ihnen gehen und unseren Olti mitnehmen. So arm und hungrig wir jetzt sind, Berat: Ich würde gehen. Du kennst mich: Auf Gutes und Neues war ich immer hungrig.«

Noch immer steht Olti an der leicht geöffneten Küchentür und lauscht. Im Stillen wiederholt er den Satz seiner Mutter: »Ich würde zu den Christen gehen … Ja, wenn ich doch nur aufstehen könnte …« Beim erneuten Wiederholen dieses Satzes merkt er, wie er mit den Zähnen klappert. Hui, das dürfen die Eltern nicht hören! Aber es ist eben bitterkalt in der Waschküche. Er spürt erst jetzt die Kälte, wie sie an seinen Beinen hochgekrochen ist. Vorsichtig wendet er sich von der Wohnküchentür ab, hinter der er das ganze Gespräch seiner Eltern belauscht hat. Ganz, ganz vorsichtig und so leise wie möglich schleicht er sich auf Zehenspitzen nach draußen und merkt: Dort ist es kaum kälter als in der Waschküche.

Er will zu seinen Kaninchen, die hintem Häuschen ihren dreistöckigen Stall haben, den Vater vor Monaten selber zusammenzimmerte. Kaninchen fühlen sich immer warm an, wenn er seine Hände auf sie legt. Sie sind wie gute Freunde. Hören sie Olti kommen, bleiben sie in ihrem Ställchen regungslos sitzen und drehen ihre langen Löffel dem kleinen Olti zu. Doch dass die Kaninchen aufmerksam auf ihn warten, merkt Olti diesmal gar nicht. Der Satz, den seine Mutter vorhin gesprochen hat, geht ihm nicht aus dem Kopf: »Ja, wenn ich nur aufstehen könnte …« Und was hat die Mutter außerdem noch gesagt? Tante Melisa war bei den Gottesdiensten der Christen in Istog. Sie musste nicht ihre Schuhe ausziehen, um bei der Feier der Christen dabei zu sein. Christen – sie tun viel Gutes an Armen, Kranken und Kindern. Und hatte Tante Melisa nicht von der Weihnachtsfeier gesprochen, zu der alle schulpflichtigen Kinder eingeladen werden? »Schulpflichtig werde ich zwar erst im nächsten Jahr«, murmelt Olti vor sich hin, als er seinen Kaninchen das Trockenfutter in ihr Ställchen legt. »Aber ich wäre schon gern dabei, wenn mehr als 700 Kinder zur Feier der Christen gehen – und sie alle hören von einem Wunder … Die Christen feiern im Garten des Gemeindehauses … Weihnachten. Ich war schon in Istog und weiß, wo die Moschee mit dem Minarett steht. Dort in der Nähe wird sicher auch das Gemeindehaus stehen.«

Und mit seinem Wunsch wächst langsam, aber immer fester sein Entschluss: »Da will ich dabei sein, wenn uns Kindern von einem Wunder erzählt wird. Ich hoffe, es wird ein großes Wunder!«

Sein Elternhaus liegt sechseinhalb Kilometer vom Stadtzentrum Istog entfernt, wo die Christen feiern. Er rechnet: In zwei Tagen ist der 24. Dezember. Dann soll die große Feier für die

Kinder stattfinden. Und im Stillen beschließt er: »Ich gehe hin, obwohl ich noch nicht schulpflichtig bin. Zwischen all den vielen, vielen Kindern werde ich nicht auffallen. 700 – so viele Kinder habe ich noch nie zusammen gesehen. Ich kann schon bis zwanzig zählen; aber 700: Wie viele Kinder sind das? Die Christen werden mich mit meinen sechs Jahren zwischen so vielen Kindern sicher nicht entdecken. Und wenn doch? Sie werden mich nicht nach Hause schicken, wenn ich ihnen sagen: ›Ich will ein Wunder sehen! Das Wunder für meine Mutti.‹

Und ich sage den Eltern nicht, was ich vorhabe. Sie könnten es mir sonst verbieten. Aber ich kann doch nicht einfach zu Hause bleiben, oder? Ich werde zum Fest gehen – ganz allein.«

Olti hat daheim den Buchweizenbrei schnell aus seinem Teller gelöffelt, ohne ein einziges Wort dabei zu verlieren. Dann hat er die dicken Schafwollsocken angezogen und seine Füße in die Winterschuhe gleiten lassen. Er hat sie voriges Jahr von einem Verwandten geschenkt bekommen, dem sie nicht mehr passten.

Er vergewissert sich: Weder Vater noch Mutter bemerken, dass er sich von zu Hause entfernt. Zeitig genug ist er. Seine Hände stecken tief in der Winterjacke, denn es weht von den hohen, steilen Bergen ein kalter Wind. Er zieht die wollene Strickmütze weit ins Gesicht – wegen der Kälte, aber auch, weil er ein bisschen Angst hat, es könnte jemand erkennen, dass er allein unterwegs in Richtung Istog ist.

Neulich hat er von einem Nachbarn gehört: Mit flotten Schritten kann jeder Fußgänger in anderthalb Stunden in Istog sein. Gut, seine Schritte sind nur Schrittchen. In zwei Stunden aber wird er sicherlich beim Weihnachtsfest angelangt sein. Wie gut es ihm gelungen ist, unauffällig von zu Hause zu verschwinden! Und welch klugen Plan er sich für diesen Nachmittag ausgedacht hat: Auf zum Fest der Christen! Er will hören und sehen, was da für ein Wunder passiert ist, das der große Gott der Christen getan hat. Seine Eltern haben ihm ja gestern Abend erzählt: »Vielleicht ist Jesus *mehr* als nur ein Prophet. Auf jeden Fall muss Jesus groß sein. Die Christen sagen, Jesus ist ihr Heiland. Und das gilt auch … für uns Muslime.«

Der Schnee glänzt an diesem frostigen, aber sonnigen Tag. Die Landstraße nach Istog ist säuberlich geräumt. Nur hin und wieder haben sich größere Schneeflächen gebildet, über die die Autos vorsichtig fahren, weil sie ungemein glatt sind. Doch die Straßengräben sind durch die Schneewehen bis oben hin gefüllt. Nur die trockenen Schilfrohre mit ihren flauschigen Wedeln an der Spitze schauen hervor. Olti bleibt mehrere Male am Wegesrand stehen. Er schaut staunend die Schneekristalle an, die im hellen Sonnenlicht funkeln. Anrühren mag er die Kristalle nicht, aber Staunen über die funkelnden Lichtlein – das macht ihn froh.

Als er den langen Weg bis nach Istog fast zurückgelegt hat, sieht er, wie andere Kinder in die gleiche Richtung wie er gehen, und fragt sie: »Geht ihr auch zum Wunder?« Was er erntet, ist ein Gelächter über seine etwas komische Frage. Doch Olti lässt sich nicht beirren und sagt sich: »Ich gehe trotzdem hin – auch wenn ihr mir nicht sagt, wo das Gemeindehaus ist.« Er will wissen, ob Wunder bei den Christen geschehen. Seine schwer kranke Mutter braucht nämlich ein Wunder. Sonst stirbt sie – sagte der Doktor neulich.

Endlich – er steht vor dem eisernen Tor, das weit geöffnet ist. Der große Garten ist voller Kinder. Es sind so viele, dass er sie nicht zählen kann. Er merkt aber: Die Kinder sind aufgeregt und schwatzen wild durcheinander. Niemand achtet auf ihn. Kein Erwachsener kontrolliert, niemand fragt nach seinem Alter. So versucht er, schnell einen Stehplatz im hinteren Garten zu erwischen, und mischt sich unter die vielen Kinder, um nicht erkannt zu werden. So!

Der Eintritt zum kommenden Fest ist geschafft: Er befindet sich dort, wo die Christen feiern. Seinetwegen kann es Weihnachten werden!

Aus dem Gemeindehaus kommen einige Männer. Einer von ihnen sagt: »Ich bin Pastor Zeqir. Heute ist ein großer Tag. Aber hört: An diesem Festtag wollen wir nicht drängen. Ihr habt alle einen Platz?« Die Kinderschar ruft ihr »Ja!« so laut, dass diese Massenantwort dem Olti fast den Atem verschlägt. »Ja!«, ruft er dann kleinlaut hinterher, denn der Platz – ziemlich weit entfernt vom Pastor mit seinem Lautsprecher – gefällt ihm nicht besonders: Er würde lieber weiter vorne stehen. Aber, doch, er will zufrieden sein mit seinem Stehplatz inmitten der unzähligen Kinderschar. Hauptsache: Er ist heute dabei, wenn gefeiert wird.

Dann lauscht er wie die meisten der Kinder gespannt, was Pastor Zeqir (sprich: Setschir) sagt. Pastor Zeqirs Stimme ist so anders als die des Nachbarn, der meistens schimpft – egal was die Nachbarskinder beim Spielen anstellen. Auch Vater redet anders, weil keine Freude mehr in seiner Stimme ist. Jetzt aber – je länger er dem Pastor zuhört – legt sich eine festliche Stimmung über den großen Garten vor dem Gemeindehaus. Kein Wort entgeht den Kindern. Und als der Pastor erklärt, wie die Feier heute abläuft und dass zum Schluss alle Kinder noch ein Erinnerungsgeschenk bekommen werden, da setzt wie im Chor das »Danke! Danke!« ein – und die Kinder klatschen und tanzen vor Freude!

»Aber beim Austeilen der Geschenktüten – auch da kein Gedränge, bitte. Es sind genug Tüten gepackt. Wirklich, ihr alle werdet beschenkt«, ruft Pastor Zeqir in die Kindermenge. »Und nun freut euch, denn es ist ein übergroßes Wunder passiert: Jesus ist für uns geboren.«

Nun nimmt ein anderer Pastor das Mikrofon und sagt: »Mein Name ist Gezim. Das bedeutet ›Freude‹. Meine muslimischen Eltern haben mir den Namen gegeben, weil sie mir wünschten, mein Leben möge voll Freude werden. Ich habe diese Freude gefunden und bin Christ geworden.«

Er blättert in einem Buch und dann fängt er an, die Weihnachtsgeschichte aus »dem Buch« – wie die Christen das Neue Testament nennen – zu lesen und zu erläutern. In seiner Stimme liegt wirklich große Freude – Satz um Satz. Viele Kinder stehen mit offenem Mund da und lauschen Wort um Wort in feierlicher Stille.

Olti hat die Hände wieder tief in seine Jackentaschen gesteckt. So spürt er nichts von der Kälte. Auch achtet er nicht darauf, wie der Atem der mehr als 700 versammelten Kinder trotz der hell scheinenden Sonne vor ihren Lippen gefriert. Olti ist ganz Ohr:

Vor der Stadt Bethlehem im jüdischen Land liegt das weite, dunkle Feld, denn es ist stockfinstere Nacht. Nur da und dort siehst du von ferne die kleinen Feuerchen, die die Schafhirten angezündet haben. Einige der Hirten schlafen. Andere sind wach geblieben, weil sie ihre Schafe vor wilden Tieren schützen, die nachts heranschleichen, um sich ein Schaf aus der Herde zu schnappen. Diese Hirten sind wachsam; sie schauen im Dunkel sehr genau nach ihren Schafen. Der Hirtenberuf ist ein gefährlicher Beruf, weil die wilden, hungrigen Tiere manchmal auch Menschen angreifen. Hirten sind zwar arme Männer, aber tapfer sind sie – auch nachts.

Als sie sich so an ihren Feuerchen wärmen, da geschieht es: Ein helles Himmelslicht überstrahlt unerwartet die ganze Hügellandschaft! Von einem Augenblick zum anderen wird es auf dem Feld taghell. Da! Über ihnen schwebt ein Engel in göttlichem Glanz. Die Hirten bekommen es mit der Angst zu tun. Doch der Engel ruft ihnen zu: ›Fürchtet euch nicht! Ich verkündige euch große Freude.

Und nicht nur euch: Diese gute Nachricht gilt für alle Menschen. Denn euch ist heute der Heiland geboren. Er ist Christus, der Herr! Jetzt ist er da!‹

Die Hirten mögen sich die Augen gerieben haben, denn solch herrliches Licht haben sie noch nie gesehen. Sie fragen sich: ›Träumen wir? Der Heiland ist geboren – als kleines Kind? Nicht als General, nicht als ein grausamer Diktator, sondern als ein kleines Baby, zart und zierlich, damit niemand vor ihm Angst haben muss? Er ist gekommen, weil sein himmlischer Vater, der allmächtige Gott, uns Menschen durch sein Kind retten will? Und meinst du, der Heiland schafft es, auch dich zu retten?‹

Die Hirten atmen tief durch: ›Ja!‹ Sie rufen einander zu: ›Das ist ja unglaublich, was Gott mit uns vorhat – er will uns wirklich retten!‹

Der Engel lässt sich nicht aus der Ruhe bringen und verkündigt mit heller Stimme:

›Ihr bekommt ein Zeichen. Das Kind werdet ihr in Bethlehem finden. Es ist in Windeln gewickelt und liegt in einer Futterkrippe.‹

Kaum haben die Hirten diese Worte gehört, da umringen den Engel jede Menge himmlische Gestalten. Überall. Der Himmel ist voller Engel. Sie singen und jubeln laut über den Hirten: ›Bei Gott – der in himmlischen Höhen thront – ist es herrlich. Und sein Friede soll nun auch auf Erden bei allen

Menschen sein. Denn Gottes Herzensfreude gilt allen. Ja, alle können nun seine Begnadigung annehmen.‹

Als die Engelscharen wieder zum Himmel hinaufschweben, sagen die aufgeregten Hirten zueinander: ›Lasst uns sofort hingehen und sehen, was Gott in Bethlehem gewirkt hat und was dort geschehen ist.‹ Und schon rennen sie!

In Bethlehem angekommen, öffnen sie die erstbeste Stalltür am Rande der Stadt. Mit ihren Öllampen leuchten sie den Stall aus und schauen umher. Dann bleiben sie verdutzt stehen: ›Da! Da liegt es, das Kind – in der Krippe!‹ Die Hirten neigen sich über das Kind und spüren: Es geht eine Kraft von ihm aus. Und diese wunderbare Liebeskraft dringt bis in ihre Herzen. Den Hirten wird ganz anders zumute, denn es wird ihnen leicht vor Glück. Sie vergessen, dass sie nur arme Hirten sind. So arm – sie haben nicht einmal ein Geschenk für dieses göttliche Kind mitgebracht.

Aber braucht Gottes Sohn überhaupt unsere Geschenke? Ist seine Liebe nicht das allergrößte Geschenk? Sie werden es nie vergessen: Der kleine Jesus liebt sie – so klein und arm er ist! Die Hirten sind voll Freude und Glück. Und wenn du glücklich bist, dann hast du nur einen Wunsch: Du möchtest, dass diese Freude nie aus dem Herzen wegzieht. Du möchtest immer in der Nähe dieses Kindes Jesus bleiben. Aber sie müssen bald zu ihren Schafherden zurück, weil Schafe nie allein bleiben können. So verabschieden sie sich zuerst von den Eltern und dann knien sie mit ehrfurchtsvoller Bewunderung vor dem Kind in der Krippe. Mutter Maria hört die guten Worte, die die Hirten ihrem kleinen Jungen sagen:

›Jesus, du hast uns beschenkt – mit deiner herzlichen Güte!‹

›Jesus, Gottes Sohn bist du!‹

›Jesus, du bist tatsächlich in die Welt gekommen – für uns!‹

›Du bist Jesus, der Retter der Welt!‹

›Jesus, ich spüre deine göttliche Kraft: Du wirst meine Sünden vergeben – jetzt schon und für ewig.‹

›Jesus, ich liebe dich!‹

Auf dem Heimweg zu ihren Schafen sprechen die Hirten weiter miteinander über Jesus und stellen fest: Er schenkt – ohne dass du ihm Geschenke bringen musst. Das ist einmalig. Er liebt dich – ohne Geschenke und Opfer. Ja, das ist erstmalig in der Weltgeschichte: Er liebt dich! Wie gut, dass du zu ihm gekommen bist. So werden die Hirten froh und dankbar geredet haben. Und wenn sie in die Zukunft schauen? Sie ahnen es: Es wird künftig noch so manche Überraschung mit Jesus geben!

Wie wird das erst werden, wenn Jesus erwachsen sein wird?

Wir wissen heute: Jesus hat in seinem Leben viele Wunder gewirkt. Und Wunder tut er auch heute noch!«

Wunder – Jesus tut Wunder. Er hat richtig gehört! Olti zieht schnell die Hände aus seiner Jacke, formt mit beiden Händen einen Schalltrichter vor dem Mund, und aus der großen Kinderschar klingt nun seine helle Kinderstimme:

»Und ... und ... und ... tut Jesus auch ein Wunder ... für meine kranke Mutti?«

Hier hinten am Gartentor kann er nicht länger stehen bleiben.

Schon drängelt er sich durch die vielen Kinder bis nach vorn, wo Pastor Zeqir steht, der den cleveren Olti zwar nicht kennt, aber ihm beim Herannahen zuruft, dass alle Kinder es hören: »Sage dem Herrn Jesus, was deiner Mutti fehlt. Und dann werden wir sehen, was der Heiland tut. Sage es ihm laut!«

Und dann hören es mehr als 700 Kinder: »Jesus, meine kranke Mutti hat kein Geld mehr für den Doktor. Ich glaube, meine Mutti braucht dich!«

Als Zeqir die Hand segnend auf Oltis Köpfchen

legt, fangen die Kinder an, Beifall zu klatschen. Das ist für Olti ungewohnt: Die unübersehbare Schar der Kinder klatscht für ihn.

»Schnell, ich muss nach Hause! Ich muss meinen Eltern erzählen, was ich gesehen, gehört und erlebt habe!« Olti drängelt sich durch die Kindermenge in Richtung Gartentor. Da ruft Pastor Zeqir ihn zurück: »Junge, du bekommst noch eine Geschenktüte! Alle Kinder bekommen eine. Du auch!«

»Ach so! Na gut.«

»Vergiss nicht: Da ist das Ausmalheft mit der ganzen Jesus-Geschichte drin. Deine Eltern werden sich mächtig freuen, wenn sie dir vorlesen – alles, von vorn bis hinten –, was in Bethlehem passierte.«

Es ist eine dicke Tüte, die Olti empfängt. Sie ist auch ein bisschen schwer. Er drückt sie fest an sich, so als ob man ein wertvolles Geschenk nicht verlieren dürfe.

»Danke, Onkel Zeqir.« Und erneut versucht Olti, sich eine Schneise durch die Kindermenge zu bahnen, was jedoch schlecht gelingt, weil alle Kinder jetzt nach vorn schauen, wo der Berg mit Tüten aufgestapelt liegt. Noch bevor die Pastoren die riesige Zeltplane von den Geschenktüten nehmen, setzt bei den Kindern ein spontanes »Danke! Danke!« ein – mit lang andauerndem Händeklatschen. Doch Olti hat es eilig: Er will heim, bevor es dunkel wird; er hört noch, wie Pastor Zeqir den 700 Kindern erklärt: »In euren Tüten findet ihr Kekse und Nüsse, Mandarinen und ein Leseheft. Darin steht die ganze Geburtsgeschichte von Jesus. Zu Hause lesen es auch gern eure Eltern. Oder sie lesen euch vor ...«

Mitten durch den aufbrausenden Kinderjubel hat Olti das Gartentor des Gemeindehauses erreicht und rennt und rennt, seine Tüte fest an sich gedrückt. Er muss schnellstens heim! Heim zu seiner Mutti. »Denn in dieser Tüte steckt die ganze Jesus-Geschichte mit den armen Hirten auf dem dunklen Feld und den Engeln, die ein Wunder besingen«, sagt er sich wiederholt vor, ohne auch nur einmal in die Geschenktüte zu schauen.

Unterwegs bleibt er einige Male zum Luftholen stehen und schaut in die schwere Tüte. Es überfällt ihn zwar ein Hungergefühl, als er die Kekse und Mandarinen sieht. Sein Magen knurrt heftig. Aber aus der Weihnachtstüte naschen, in der das Wunder steckt? Nein! Durst hat er auch. Für einen kurzen Moment bleibt er am Weggraben stehen, bückt sich behutsam, um die harte, eisgefrorene Schneeschicht abzuheben, und holt eine Faustvoll weiche Eisflocken hervor, die er langsam über die Lippen in den Mund gleiten lässt: Das tut gut!

Nun geht das Laufen weiter – so schnell wie möglich! Er muss die Weihnachtstüte seiner Mutter zeigen. Nein, nicht nur zeigen; er wird sie ihr schenken.

Olti muss den langen Weg nach Hause indessen vorsichtig gehen, denn der Schnee hat sich hier und da in eine spiegelglatte Eisfläche verwandelt. Straucheln und fallen will er mit der schweren Tüte nicht. Doch wo die Straße einigermaßen vom Schnee frei ist, da rennt er – immer heimwärts.

Als er von Weitem das Elternhaus sieht, überkommt ihn eine große Freude: Mutti wird Augen machen, wenn er ihr die Tüte überreicht! Schon im Garten ruft er: »Mutti, das gibt es, das gibt es! Das Wunder, Mutti, ich habe das Wunder in dieser Tüte!«

Völlig außer Atem und entkräftet springt Olti ins Haus, zieht schnell die übergroßen Schuhe aus, die er an die Tür stellt, und steht dann vor dem Krankenbett: »Mutti, Gott tut Wunder. Auch heute. Pastor Zeqir hat es gesagt. Es steht alles genau in diesem Ausmalheft. Mutti, schau!«

Mit Mühe schaut die kranke Mutter in die Papiertüte. Zwischen Mandarinen und Schokolade, Waffeln und Buntstiften, Mandeln, Keksen und Gummibärchen steckt das Weihnachtsheft. Mutti Drita zieht das Heft vorsichtig heraus: »Kind, das ist ja alles so wunderbar!«

»Aber, Mutti! Das ist nicht wunderbar, da *ist* das

Wunder!« Einige Augenblicke tritt Olti unschlüssig von einem Bein aufs andere, bis er ihr leise seine wohlüberlegten Worte sagt: »Mutti, das alles, was in der Tüte ist, das schenke ich dir.«

»Aber, mein Junge, es ist doch das Weihnachtsgeschenk für dich!«

Vorsichtig schmiegt er sich an Mutters Schulter: »Nein, Mutti, das Wunder ist doch für dich!«

Mutter Drita drückt mit der freien Hand den Kopf ihres Kindes fest an sich: »Kind, du bist so gut zu mir. Das wird Vater freuen, wenn ich ihm alles erzähle.« Und dann legt sie sich ihre Hand vor den Mund, damit ihr Junge nicht merkt, wie sie jetzt beim Atmen weint – bei all der Freude, die Olti ihr gemacht hat.

Schnell nimmt sie das Ausmalheft mit der Erzählung von der Geburt Jesu zur Hand und schlägt Seite um Seite auf. Hat Olti nicht gemerkt, wie bewegt sie ist? Sie blättert in dem Heft. In der Wohnküche ist es jetzt so festlich, wie es vorhin im weiten Garten vor dem Gemeindehaus war, als Pastor Zeqir zu den vielen Kindern sprach. Vorsichtig neigt sich der kleine Springinsfeld zu seiner Mutter, küsst ihre blasse Wange und fragt dann: »Aber, Mutti, wo steckt nun das Wunder?« Das klingt schon fast entrüstet. Doch die Mutter weiß Rat: »Heute Abend, wenn es in der Stube gemütlich warm sein wird, werde ich uns die Geschichte lesen. Von vorn bis hinten. Und bis dahin kannst du die Malstifte auspacken und schon anfangen, die Zeichnungen auszumalen. Denn jede dort abgebildete Person will ja ein buntes Kleid, eine farbige Hose und zumindest braune Sandalen haben. Machst du das, Olti?«

»O ja, Mutti! Eine prima Idee! Und Vati wird sich freuen, wenn du die Kraft zum Lesen hast. Mutti, wie oft hast du in letzter Zeit überhaupt gelesen? Du warst einfach immer zu krank, zu schwach dazu – und du willst uns heute Abend die Wundergeschichte von Jesus lesen? Mutti, das ist wirklich prima!«

Am nächsten Morgen geht Vater Berat zum Kaninchenstall. Füttern kann er sie zwar nicht, weil seine Hände immer noch mit Mull verbunden sind. Das Füttern hat sein sechsjähriger Sohn übernommen – zweimal am Tag. Den dreistöckigen Kaninchenstall hat Berat ja vor Monaten für seinen Olti zusammengezimmert, als der den Wunsch aussprach: »Vater, wir könnten doch Kaninchen anschaffen. Baust du mir einen großen Stall für sie?« Die Kaninchen hat Olti sich von seinen gleichaltrigen Freunden geben lassen. In jeder Stall-Etage stecken zwei braun-weiß-gescheckte Langohren, die in ihrem glatten Fell glänzen. Das weist darauf hin, dass Olti die Tiere bestens versorgt. Eigentlich wollte Vater Berat die zwei fettesten Tiere in diesen Tagen schlachten. Dagegen hat sich Olti sehr gewehrt, weil er die Tiere in sein Herz geschlossen hat. Aber durch den Unfall am Bau ist Berat im Moment ohnehin gar nicht dazu in der Lage, die Tiere zu schlachten. Sehr zur Freude seines Sohnes!

Da hört er vor dem kleinen Wohnhäuschen Männerstimmen. Kommt Besuch? Ist der Arzt schon wieder da? Hat er heute noch jemanden mitgebracht, um sein ausstehendes Honorar bei ihm einzukassieren? Bei diesem Gedanken geht ein Zittern durch Berats Körper: Geld hat er wahrhaftig keines. Es ist nicht einmal fürs tägliche Brot vorhanden.

Aber Vater Berat will in dieser brenzligen Situation nicht feige sein. Er geht den Besuchern entgegen und staunt: Nein, der Arzt ist es nicht.

»Sind wir hier richtig bei Familie Muratei?«, fragt eine freundliche Stimme.

»Selbstverständlich. Aber was sucht ihr? Gibt es irgendeine Sache, die ich wissen muss?«

Drei Männer reichen Vater Berat die Hand. »Ich bin Pastor Zeqir. Das ist unser Diakon Arilot und hier ist Pastor Tahir.«

»Hm! Kann ich euch behilflich sein?«

»Wir haben eine ganze Weile gebraucht, bis wir den Vater von Olti endlich gefunden haben. Olti war gestern bei unserer Weihnachtsfeier vor unserem Gemeindehaus. Kurzum: Er hat uns und der großen Kinderschar erzählt, seine Mutti sei krank. Und sie brauche von Jesus ein Wunder. Und da sind wir gekommen, um nach deiner kranken Frau zu schauen. Geht es ihr wirklich nicht gut?«

Vater Berat ist mehr als erstaunt und schaut sich die drei Männer von oben bis unten an, die unerwartet gekommen und so freundlich sind. Sie strahlen irgendwie Freude aus. Einer von ihnen trägt ein großes Paket auf der Schulter. Was will er damit?

»Ach, darum geht es: Olti, unser Sohn. Ja, er hat gestern eine Tüte mit Süßigkeiten, Obst und einem Ausmalheft nach Hause gebracht und es seiner kranken Mutter geschenkt. Aber nun kommt doch erst einmal herein. Ihr müsst ja nicht in der Kälte stehen und frieren. Die Wohnküche ist zwar nicht sehr angewärmt, aber besser dort sein als hier draußen. Und außerdem lernt ihr so meine kranke Frau Drita kennen. Und Olti – er kann nicht weit entfernt sein. Er wird sich freuen, dass ihr seinetwegen gekommen seid – und wegen seiner Mutti.«

Wie die allermeisten Häuser auf dem Lande, so ist auch das Haus von Vater Berat nur klein. Da gibt es ein Schlafzimmer und eine Wohnküche. Die Decken sind niedrig, und im Garten steht das »Häuschen« mit dem ausgesägten Herzen in der Tür. Ein WC kennen die kleinen Häuser nicht. Fließendes Wasser gibt es im Haushalt nur aus *einem* Wasserhahn, der vor ein paar Jahren in der Waschküche montiert wurde. Noch immer ist für das junge Ehepaar die Verlegung dieser Wasserleitung eine große Anschaffung gewesen – fast ein Luxus.

Die Besucher klopfen sich den Schnee von den Schuhen und treten in die Wohnküche ein. Zuerst stellt Pastor Tahir das recht schwere Paket auf den Küchentisch: »Wir haben einige Sachen für euch eingekauft: Nudeln und Öl, Mehl und Rosinen, Salz und Zucker, Fisch in Dosen, Eier und noch anderes – als Geschenk zum Weihnachtsfest. Wir wünschen euch viel Freude beim Auspacken!«

Unterhalb des kleinen Küchenfensters steht das schmale Sofabett, auf dem eine ausgemergelte Gestalt liegt, mit blassem Gesicht und müden Augen. Doch die herzliche Begrüßung durch die Pastoren und den Diakon scheint Mutter Drita gutzutun: »Nun nehmt erst einmal am Ofen Platz. Wir haben nicht viel zum Brennen, aber etwas Wärme strahlt der Kachelofen doch aus.« Vater Berat will einen Kaffee bereiten. Das lehnen die drei Männer jedoch ab, als sie sehen, dass beide Hände von Vater Berat verbunden sind. Kurz erzählt der Verunglückte vom Unfall auf der Baustelle.

»Ach, was erzähle ich von mir. Ihr seid doch wegen Olti gekommen, oder?«

»Olti kam gestern mit der Tüte heim, völlig außer Atem, dafür aber voll Glück. Er reichte mir die Tüte als Geschenk«, sagt Mutter Drita. »Unterwegs hat er nicht einmal daraus genascht, weil er all die guten Gaben darin mir schenken wollte.«

Sie versucht, sich auf dem Sofabett aufzurichten, was ihr aber nur mühsam gelingen will. Diakon Arilot sieht es, springt herzu, legt die Kopfkissen zurecht und hilft Mutter Drita, bequemer zu sitzen.

Mit schwacher Stimme erzählt sie nun weiter:

»Unser ganzes Geld und Vermögen mussten wir für den Arzt und für die Apotheke hergeben. Da blieb für Apfelsinen, Mandelkekse oder gar Buntstifte kein Geld. Nicht *einmal* konnten wir Olti beschenken. Und nun kam er gestern mit der großen Tüte, die er von euch erhielt, nach Hause. Olti wollte mir eine Freude machen, weil ich schon mehr als ein Jahr krank bin. Er war so glücklich, mich beschenken zu können. Ihr hättet sein Gesicht sehen müssen! Es strahlte förmlich. Die größte Freude machte uns das Weihnachts-Erzählheft. Wir haben es gestern Abend gelesen. Da hättet ihr Olti sehen sollen: In seine beiden Hände hatte er den Kopf gelegt und lauschte wie gefesselt, immer in der Erwartung, wann wir endlich etwas von dem ›Wunder‹ lesen, von dem er bei der Weihnachtsfeier gehört hatte. Und dann kam das Wunder. Ich las, wie die Engelchöre singen. Wie die Hirten sich zum Stall nach Bethlehem aufmachen, wo der Heiland geboren wurde. Wie die Weisen aus dem Morgenlande mit Gaben zu Jesus kommen. Aber was erzähle ich euch? Ihr kennt ja diese große Geschichte vom Heiland. Die Weihnachtsgeschichte ist so packend erzählt, dass wir zu dritt dachten: Sie ist für uns geschrieben. Ja, sie ist für uns geschehen. Wir erlebten Bethlehem hier in der Wohnküche. Die Krippe wartete auch auf uns, damit wir kommen und anbeten – den Sohn Gottes. Wir haben verstanden: Der allmächtige Gott hat seinen Sohn zu uns gesandt, dass er uns frei macht, erlöst und heilt. Als wir das Heft durchgelesen hatten, sprachen wir gemeinsam die Worte der Engel: ›Ehre sei Gott in der Höhe und Friede auf Erden …‹

Weiter kommt Mutter Drita mit ihrem Bericht nicht. Sie hat mit den Tränen zu kämpfen. Und dann spricht sie mit fast gebrochener Stimme: »Das Wunder ist passiert. Der Heiland hat uns erreicht und gesegnet …«

Es ist ganz still in der Wohnküche. Vater Berat legt zwei Holzscheite in den Kachelofen. Dann stellt er sich neben den Küchenstuhl, schaut die drei Besucher an, holt tief Luft, wartet einige Augenblicke und beginnt mit seinem Erzählen: »Weil wir durch die Krankheit meiner Frau am Ende, einfach am Ende sind, bin ich so verzweifelt. Ich habe es in diesen Tagen oft gedacht und auch meiner Frau gesagt: ›Allah hat uns vergessen.‹ Und dann erzählt mir der Nachbar, was er in der Zeitung gelesen hat; es steht dort ein Aufruf der islamistischen Extremisten: ›Wer zu den Christen hält, muss mit unseren Anschlägen rechnen. Wir dulden keine Christen im Kosovo. Der Höchste in unserem Leben – das ist Allah!‹ Diese Nachricht hat meine Verzweiflung noch mehr in die Höhe getrieben. Wie oft habe ich Allah gebeten, uns beizustehen – vergeblich. Ja, es gab vor ein paar Tagen den Augenblick, dass ich ihn angeschrien habe: ›Allah, ich schwöre dir, wir haben Hunger!‹

Mit beiden verbundenen Händen stützt sich Berat am Stuhlrücken und holt zweimal tief Luft: »So deutlich kann Verzweiflung aussehen. Ich bekenne euch: Oft habe ich im Koran gelesen – die vielen Vorschriften und Anordnungen. Immerzu habe ich gelesen, was dort geschrieben steht: Fasten soll dann und dann sein – und zwar so und so – und nicht anders. Jedes Jahr habe ich ein Opferlamm zur Ehre Allahs geschlachtet. Doch das hat mir in meiner Verzweiflung nicht geholfen. Nun sind wir so arm, dass wir in diesem Jahr kein Lamm schlachten konnten. Dadurch geriet ich in panische Ängste und fragte mich ständig: Wird Allah uns als Familie jetzt völlig verwerfen? Oder hat er es schon getan? Danach bin ich nicht ein einziges Mal mehr in die Moschee gelaufen, weil ich die Waschvorschriften für Füße, Hände und Gesicht satthabe! Und beten? Fünfmal am Tage in der Moschee beten? Ich fand dort außer der Erfüllung muslimischer Vorschriften nichts. Nichts, was eine Glaubensstärkung für mich war! Ich verstand ohnehin kein Wort von all den Gebeten, die der vorbetende Hodscha dort in arabischer Sprache spricht. Deshalb ging ich nicht mehr in die Moschee. Und doch ist in mir der Wunsch, beten zu können, um erhört zu werden. Ich möchte beten – ohne dass die Worte in Vorschriften eingepackt sind. Ich fragte mich freitags, was ich sieben Tage getan, geredet und gewollt habe. Aber auch, was ich so gern überspiele und wo ich gefehlt habe. Das alles hat nur dazu beigetragen, die heimlichen Sorgen stapelweise in mir aufzuschichten. Es mehrte die unheimlichen Ängste vor den Abgründen meines inneren Lebens und fügte stets Bedrückendes hinzu.«

Diakon Arilot hat gesehen: Das Taschentuch, mit dem Mutter Drita ihre Tränen abtrocknet, ist ihr vom Sofa heruntergefallen. Schnell bückt er sich und legt es neben ihr Kopfkissen hin.

Vater Berat hat bemerkt, wie die Küchentür sich immer weiter öffnet. Der lauschende Olti will sich nun nicht mehr verstecken und kommt in die Wohnküche: »Onkel Zeqir, du bist zu uns gekommen! Wie gut! Mutti und Vati haben mir gestern Abend die Wundergeschichte von Bethlehem vorgelesen. Ich habe alles verstanden. Das werde ich nie wieder vergessen: Die Engel haben sich gefreut!«

»Nun, Olti, kannst du den Besuchern erst einmal deine Hand geben, bevor du alles heraussprudelst?«, ermahnt ihn seine Mutter sanft.

»Wird gemacht! Aber ich muss doch von der Freude erzählen, die die Engel gebracht haben!« Und während er den Besuchern schnell die Hand reicht, sprudelt es weiter aus ihm heraus: »Onkel Zeqir, die Engel … sie waren doch erst der Anfang. Es kamen noch die Hirten, die sich gefreut haben. Und die Weisen, die von ganz fern aus dem Osten zum Stall gekommen sind. Alle waren sie glücklich – so wie du es gestern uns Kindern erzählt hast.«

Plötzlich hält Olti eine Weile inne und legt sich

den Zeigefinger auf die Lippen. In der Wohnküche ist es nach seinem Redeschwall ganz still geworden. Muss er nachdenken? Und dann schaut er erst die Besucher und danach seinen Vater und seine Mutti an und nickt stumm, während seine Augen immer größer werden. Schließlich unterbricht er die Stille in der Wohnküche: »Und auch Vater, Mutti und ich haben uns gefreut.«

Vater Berat schaut seine Frau liebevoll an: »Drita, willst du noch etwas zur Freude sagen, die uns gestern Abend beim Lesen des Ausmalbüchleins geradezu überrumpelt hat?«

Mutter Drita richtet sich nochmals im Sofabett auf: »Ja, wir haben gestern Abend verstanden: Engel und Hirten haben sich über die Geburt des Heilandes gefreut. Auch die Weisen, die von so weit angereist kamen … Und wir …? Mein Mann sagte: ›Das hat uns bisher gefehlt: die göttliche Freude.‹«

Mutter Drita schaut die drei Besucher an: »Könnt ihr euch vorstellen, wie das unsere Herzen bewegt hat? Freude! Freude kannten wir in den letzten Jahren nicht – nur Leid und Elend und Hunger und Schmerzen.« Langsam legt sie müde ihren Kopf auf das Kissen.

»Von Freude habe ich im Koran nie etwas gelesen«, fügt Vater Berat hinzu. Auch dass Gott *uns* Freude macht – davon habe ich nie etwas gehört. Darum sind wir unserem Olti so dankbar, dass er uns diese Nachricht gebracht hat: Der ganze Himmel ist voll Freude! Gott macht uns Freude! Er stellt uns in seine Freude hinein! Das ist ein Wunder.«

Pastor Zeqir ist von seinem Stuhl aufgestanden und hat seine Hand auf die Schulter des jungen Familienvaters Berat gelegt. »Freude geht oft einher mit Finden. Nicht durch eure religiösen Anstrengungen mit Fasten und Opfern, mit dem Einhalten von Anordnungen und arabischen Gebeten in der Moschee lässt sich Gott finden. Er findet uns – dich, Berat, dich, kranke Mutter Drita, dich, du kleiner Olti!«

Olti schmiegt sich ganz fest an seinen Vater, der ihm die Finger aus dem Mund zieht: »Junge, hast du das gehört? Wir sind beschenkt. Mit Freude, die aus dem Himmel kommt.«

Und nun erzählt Pastor Tahir: »Das ist das erste Wunder: Gott kommt durch seinen Sohn Jesus zu uns, um uns zu beschenken. Das ist ein Fest. Und dann gibt es gleich das zweite Wunder: Wir beten zu Gott, dem himmlischen Vater, und bitten – in Jesu Namen – um Genesung für die kranke Mutter Drita.«

Diakon Arilot hat aus seiner Jackentasche drei Stummelkerzen herausgezogen, die er auf den Küchentisch stellt, um sie anzuzünden. Der Raum bekommt an diesem dunklen Tag einen neuen Glanz.

»Womit haben wir das verdient?«, schaut sich Vater Berat um.

»Von Verdienst brauchen wir hier nicht zu sprechen. Geschenke sind dazu da, sie anzunehmen. Wer immer die Geschenke Gottes annimmt, macht ihm Freude. Und Gott freut sich nie umsonst. Das schönste Geschenk für uns Christen ist: Gott will in uns wohnen. Dann kann er uns von innen her erhellen, auch wenn es rings um uns her trostlos aussieht und mächtig dunkel ist: Gottes Licht in uns ist unvergleichlich stärker.«

Die drei Besucher sind aufgestanden und haben sich zu Mutter Drita ans Sofa gestellt. »Wenn du willst, dann beten wir die Schönheit und Größe Jesu an, der unser Heiland ist.«

Mutter Drita bekommt kein Wort heraus, gibt aber durch ihr Kopfnicken zu verstehen: Ja, sie möchte Empfängerin des großen Wunder-Gottes sein. Auch Olti hat sich zu den drei Männern gestellt und schaut, wie diese ihre Hände aufheben, um zu beten. Und so hebt auch er, der kleine Junge, seine Hände hoch und hört, wie gebetet wird:

»Lieber dreieiniger Gott. Du Allerhöchster, du Retter und Erhalter dieser Welt: Du schenkst vollkommene Freude. Nun kennen wir die Wurzeln der göttlichen Liebe: Jesus, das Weihnachtswunder. Du erneuerst nicht nur die Herzen von Vater Berat und Mutter Drita, sondern auch von Olti. Du erneuerst auch mit deinen Herzenskräften den Körper von Mutter Drita. Du kommst mit deinen Heilkräften an jene schwachen, ja wunden Stellen ihres Köpers, die wir nicht einmal kennen. Aber ganz tief erreichst du mit deiner Wunderkraft, was in ihr in Unordnung geraten ist. Drita und Berat, euer Herz soll sich freuen und eure Freude soll niemand von euch nehmen. So sagt es Jesus Christus. Sein Wort ist wahr und trügt nicht. Und das Schöne an deiner Freude, geliebter Herr Jesus, ist: Sie kennt kein Ende. Jene Freude, die wir von dir empfangen, reichst du uns, um sie weiterzuschenken. Das walte Gott Vater, Sohn und Heiliger Geist. Amen.«

Das Brennholz knistert beharrlich im Kaminofen. Es ist heilige Zeit in dieser armen Behausung. Gott ist gegenwärtig. Vater Berat hat noch immer seine Augen geschlossen. Doch dann betet er still vor sich hin: »Gott, du Heiliger, ich liebe dich. Danke für deine Segnungen. Sie machen uns heil an Leib … und an Seele … und an Geist. Du siehst mich an und zeigst mir, wie sehr du mich und uns liebst. Amen.«

Mit jedem neuen Tag des neuen Jahres stellt sich der warme Frühling mehr ein. Bei Vater Berat haben die Hände eine schnelle Heilung erlebt. Er kann wieder arbeiten und findet alsbald eine neue Stelle, die ihn auch finanziell besser stellt als bisher.

Mutter Drita spricht ganz offen in der Verwandtschaft, bei den Nachbarn und zu ihren Freundinnen darüber, wie Gott ein starkes Wunder an ihr gewirkt hat: Die Kräfte sind zurückgekehrt. Zuerst musste sie lernen, überhaupt wieder auf ihren Füßen stabil zu stehen. Dann folgten die ersten Schritte. Und heute? Sie hat im Garten angefangen, Radieschen und Salatsamen auszusäen; sie besucht ihre Nachbarinnen, aber auch die alten Eltern. Und nicht zuletzt: Sie ist mit Berat und Olti jeden Sonntag im Gottesdienst bei den Christen. Ist das nicht ein Wunder? Sie schafft es, die sechseinhalb Kilometer dorthin zu Fuß zu gehen. In der christlichen Gemeinde ist in jedem Gottesdienst viel Freude. Die Christen im Kosovo schenken noch immer ihren Landsleuten jene Freude, durch die ihr Volk ein anderes, ein leuchtendes Antlitz bekommt.

Die Pastoren haben der Familie »das Buch«, das albanischsprachige Neue Testament, geschenkt, aus dem Berat und Drita daheim Tag um Tag kleine Abschnitte lesen. Und das Andachtsbuch von Pastor Gerhard Jan Rötting mit seinen 366 Andachten ist eine Quelle der Freuden. Und Olti? Er wird in diesem Jahr eingeschult. Der clevere Bursche sagt es jedem seiner gleichaltrigen Freunde und wer immer es hören will: »Jesus ist seit Weihnachten mein Freund. Er liebt mich. Und darum liebe ich ihn.«

Jedes Jahr feiert die Mission »Ost-West« im Kosovo und in Albanien mit Hunderten von Kindern, die nur die muslimische Tradition kennen, das Fest der Geburt Jesu. Und jedes Jahr kommen mehr Kinder. Jedes Kind erhält dann seine Weihnachtstüte. Über die Kinder erreichen wir viele Eltern mit der Guten Botschaft: »Euch ist heute der Heiland geboren.«

Ja: »Ehre sei Gott in der Höhe! Sein Friede soll nun auf Erden bei allen Menschen sein, die sich unter seine Gnade stellen.«

Ist es nicht ein modernes Wunder, wenn Menschen in Albanien und im Kosovo Jesus als ihren Heiland annehmen? Ganz bestimmt!

Mit unseren Weihnachtstüten erreichen wir die Menschenherzen, die der himmlische Vater erreichen möchte, damit noch viele Menschen in Liebe zur Wahrheit finden und gerettet werden! Und wer mitmacht, der hat immer mehr davon.

Jetzt will ich mal Tacheles reden

2

Im Dachzimmer des kleinen Elternhauses fühlt sich der sechzehnjährige Kolle am wohlsten. Es ist sein »Reich«, dieses »Stübchen«. Hier ist er zuständig. Das niedrige Zimmer beherbergt neben dem Einmal-ein-Meter-Tisch, an dem er seine Schulaufgaben macht, und dem altmodischen Stuhl mit der hohen Rückenlehne auch einen schmalen Kleiderschrank, der für seine wenigen Kleidungsstücke groß genug ist. Und da ist noch das Metallbettgestell mit der fünf Zentimeter dünnen Matratze, die mit Baumwolle gefüllt ist und sofort eine Kuhle bildet, sobald Kolle sich hinlegt. Und überhaupt: Das Bett – nur achtzig Zentimeter breit – ist eigentlich viel zu schmal für ihn. Doch darauf liegt die herrlich dicke Wolldecke, ein Prachtstück, das aus Großvaters Zeit stammt. Nachts kuschelt sich Kolle vollständig unter sie, deckt auch seinen Kopf mit ihr zu, sodass nur noch Mund und Nase frei bleiben für die frische Luft, die es nachts gratis gibt.

An den langen Nachmittagen, wenn er seine Schulaufgaben im fahlen Schein einer Tischlampe erledigt, schlägt er gekonnt diese mollig warme Decke um seinen hageren Körper. Die gleichbleibende Wärme der Wolldecke tut ihm wohl. Besonders jetzt in der kalten Jahreszeit, wenn der frostige Novembersturm übers Land jagt und die letzten Blätter vom Walnussbaum schüttelt, der, solange er denken kann, vor dem kleinen Elternhaus am Dorfrand steht. Sind die Zweige vom Sturm leergeputzt, beginnen Windstöße im Garten und auf der weiten Wiese ein hurtiges Spiel mit den herbstlichen Blättern, die der kräftige Wind mal langsam, mal heftig schnell vor sich hertreibt. In solchen Stunden hüllt sich Kolle genüsslich in seine Decke ein.

Nein, ein Träumer ist Kolle ganz gewiss nicht. In ihm lebt eine Hoffnung, die tief in ihm verankert ist und auch dann nicht zusammenbricht, wenn es so manches Mal mit Vater Valmir zu heftigen und lauten Wortgefechten kommt, die in letzter Zeit zunehmen.

Kolle hofft auf das Künftige, das eines Tages kommen wird. Und sein Hoffen ist mehr als nur eine nebelhafte Sehnsucht, denn schon längst steckt er nicht mehr im Wunschdenken. Wenn er im »Stübchen« ins Vorausdenken gerät, dann ist ihm gewiss: Es wird eines Tages eintreten, was sein Leben, das jetzt noch tagein, tagaus im Dunkeln sich vorantastet, dann mit hellem Licht einzigartig überstrahlen wird. Wer hofft und sein Ziel kennt, ist seiner Zeit voraus und lebt nicht ins Blaue hinein, weil er es zutiefst weiß: Dieses »Andere« gibt es. Und er ist bereit, dieses Neue zu entdecken.

Vor seinem inneren Auge steht oft seine alte Gymnasiallehrerin, die voriges Jahr aus Altersgründen mit dem Unterrichten aufgehört hat. Wenn sie vor der Klasse stand und aus ihrem schweren Leben erzählte, erschien sie Kolle wie eine Heilige – ihr Gesicht voller Leuchten. Aber wer gab dieser Frau die Freude? Woher nahm sie ihre Strahlkraft? Gern würde er sie einmal treffen und sie nach ihrem Glück fragen. Nur: Diesen Mut hat Kolle noch nicht aufgebracht, im Gymnasium nach der Adresse seiner früheren Lehrerin zu fragen. »Irgendwann werde ich sie treffen. Ganz bestimmt!«

Mutter Vera kommt hin und wieder über die schmale, knarrende Treppe herauf, um im »Stübchen« die Bettwäsche zu wechseln und Staub zu wischen. Wenn sie noch nicht ganz oben ist, ruft sie jedes Mal: »Kooolle! Junge, ich störe, um frische Bettwäsche aufzuziehen!« Mit Bedacht lässt sie sonst ihren Jungen in seinem Zimmer allein, denn in seiner Pubertätszeit mischt sie sich nicht in seine Geheimnisse. Sie will auch nicht von ihm wissen, wo er nach der Schulzeit bleibt. Ob er dann Freunde besucht? Als Mutter muss sie nicht alles erfahren; sie versteht ihn. Sie vertraut ihm.

Vor zwei Jahren hat sie ihn über »Ordnung« belehrt: »Wechselst du die Kleidung, dann schmeiße sie nicht auf den Stuhl. Dafür gibt es den Kleiderschrank mit den Bügeln. Ordne deine wenigen Habseligkeiten selber, denn in einem ungeordneten Zimmer – und sei es noch so klein und armselig – können keine guten, geordneten Gedanken und Entschlüsse reifen. Außerdem: Wer Ordnung schafft, der fühlt sich danach im Leben wohler.«

Sollte er Fragen haben, dann kann er ja jederzeit herunter in die Wohnküche kommen.

Mutter Vera weiß nur zu gut um Kolles Dilemma: In der Wohnküche sitzt die meisten Stunden des Tages Vater Valmir in seinem uralten Lehnstuhl, den er vor Jahren aus seiner Heimat Kasachstan mitgebracht hat, und liest die Tageszeitung. Gefällt ihm eine Nachricht oder ein Kommentar, sind grunzende Töne hinter der Zeitung zu hören. Doch meistens brummt er Unverständliches in seinen langen Bart, weil die ukrainische Kultur nicht seinem Geschmack entspricht. Und über die Politik in diesem ihm fremd gebliebenen Lande lässt sich ohnehin nichts Gutes sagen: Er hat *seine* Meinung zu allem. Und das zählt!

Wenn nötig, legt der gichtgeplagte Familienvater Holzscheite in den Kachelofen. Nicht zu viele, weil der Holzvorrat noch einige Monate reichen muss. Jetzt im November übermäßig einheizen wäre unklug, denn ein ukrainischer Winter kann bis Ende

März oder Anfang April andauern. Ihm scheint: Die ohnehin schon langen Winter werden von Jahr zu Jahr länger. Doch die örtliche Tageszeitung berichtet über die kalten Jahreszeiten mit keinem Wort.

Dreimal am Tage zieht Vater Valmir seine wattegefütterte Jacke an, um aus dem Schuppen den Holzvorrat für die Küche aufzufüllen. Als er jetzt den geflochtenen Weidenkorb neben den Kachelofen stellt, knurrt er vor sich hin: »Kälte mögen meine Knochen nicht. Meine Gicht – besonders in den Knien – habe ich mir bei der jahrelangen Pflasterarbeit zugezogen. Trotz alledem: Wenn Kolle ein Kerl werden will, dann sollte er ein ordentlicher Straßenpflasterer werden. Das ist ein Beruf mit Zukunft. Täglich gehen Millionen Menschen in der Welt gern über gut gepflasterte Straßen. Und was tut unser Sohn? Er studiert in Büchern. Oder schwärmt er im ›Stübchen‹ immer noch für seine alte Lehrerin und denkt über ihre klugen Worte nach, über die er nur zu gerne spricht? Was Kolle auszeichnen würde, das wäre das Verlangen, mindestens einmal in der Woche in die Moschee zu gehen, um ein beseelter und korrekter Muslim zu werden, der sich auf ein glorreiches Martyrium vorbereitet, oder?«

Als Valmir wieder nach der Tageszeitung greifen will, sieht er seine Frau. Sie strickt. Er stellt sich vor sie hin: »Was haben wir heute für einen Wochentag?«

»Valmir, heute ist Mittwoch.«

Sie weiß, weshalb er fragt, und antwortet daher weiter: »Bis Freitag sind es noch zwei volle Tage, bis du mit deinen Freunden zur Moschee gehst, um zu beten.«

Der kräftige Wind rüttelt an den Fenstern und pfeift im Schornstein, als wolle er um Einlass in das kleine Häuschen bitten, das von der Abenddämmerung längst eingehüllt ist.

Valmir geht zum Lichtschalter, denn was er jetzt zu sagen hat, das will er nicht im Dunkeln aussprechen: »Und das will ich dir sagen, Frau: Sollte es unserem Sohn einfallen, wieder eine pfiffige Ausrede zu erfinden, um mich nicht in die Moschee begleiten zu müssen, dann hagelt es dieses Mal Dresche für ihn. Mit dem ledernen Hosengürtel werde ich ihm welche übers Fell ziehen. Irgendwann muss unser Junge doch zur Vernunft kommen, oder? Er hat nur sein Gymnasium im Kopf. Sonst nichts. Was soll einmal aus ihm werden, wenn er kein Muslim wird?«, tönt er so lautstark, dass weder er noch Mutter Vera hören, wie die Holztreppe knarrt.

Leise öffnet Kolle die Zimmertür. Das Häuschen ist hellhörig. Oben im Stübchen wird jedes Wort verstanden, was in der Wohnküche gesprochen wird

– wenn nicht geflüstert wird. Doch jetzt ist es recht laut zugegangen. Kolle bleibt im Türrahmen stehen.

Vater Valmir stampft mit seinem rechten Fuß auf den Holzboden. Die Tassen und Becher im Küchenschrank klirren. Mit heftigem Kopfschütteln und verdrehten Augen blickt er zur niedrigen Zimmerdecke: »Ich möchte wissen, was Kolle da oben in seinem Stübchen fantasiert!«, brüllt er Mutter Vera an.

»Nun lass bitte unseren Jungen in Ruhe, Valmir. Er ist alt genug, um zu entscheiden, was er will! Rede doch nicht ständig in sein Gewissen hinein mit deiner Religion. Er wird schon seinen Weg finden – wie du ihn in der Moschee gefunden hast.«

Mit einem dicken Seufzer hat Valmir sich in seinen Sessel gesetzt. Mutter Vera kann nicht unterscheiden: Seufzt ihr Mann wegen seiner Gichtschmerzen – oder weil er mit der Erziehung seines Sohnes nicht klarkommt? Und schon verschwindet das bärtige Gesicht ihres Mannes wieder hinter der Tageszeitung, um mit Lesen seine Langeweile zu vertreiben. Er hat in seiner Raserei nicht um sich geschaut und darum nicht bemerkt: Kolle steht immer noch im Türrahmen und hält eine Hand vor den Mund. Mutter Vera sieht ihn kurz an und überlegt: Will Kolle so sein Lachen verbergen? Oder wehrt er seinen Worten den freien Lauf?

Ihre Blicke begegnen sich nur kurz. Schon stellt

sie sich vor ihren zeitungslesenden Mann, zieht das Tageblatt nach unten und erheischt Aufmerksamkeit: »Moment mal, Valmir, hast du mir nicht am letzten Sonntag davon erzählt, was dir deine muslimischen Freunde Neues mitzuteilen hatten? Ich erinnere dich daran, was du mir und Kolle gesagt hast: Die Sprache, in der der Koran entstanden ist, sei stark syrisch-aramäisch geprägt. Viele christliche Wörter – also aus dem Aramäischen – seien in den Koran aufgenommen. Und Aramäisch ist die Muttersprache von Jesus gewesen, der …«

»Schweig! Ich dulde diesen Namen nicht in unserem Haus. Merke dir das!«, wütet Valmir und drückt die Zeitung wieder fest vor sein Gesicht.

Doch Mutter Vera lässt sich den Mund nicht verbieten. In einem gutmütigen Ton führt sie das begonnene Gespräch weiter: »Du, Valmir, du hast es doch letzten Sonntag hier in der Wohnküche deutlich ausgesprochen, was deine Freunde gesagt haben. Du hast es sicher nicht vergessen. Sie haben dir gesagt: Im Paradies fehlen die vielen Jungfrauen, die alle Märtyrer dort bekommen sollen, wenn sie für Allah ihr Leben lassen. Deine Freunde behaupten sogar: Es gibt diese Jungfrauen im Jenseits ja überhaupt nicht.«

Mit einem Räuspern macht sich Kolle bemerkbar. Valmir legt die Zeitung zur Seite. Kolle schaut seinen

Vater ruhig an und erklärt ihm: »Ich bin zwar noch nicht volljährig und habe mich deinem väterlichen Willen unterzuordnen. Aber höre, was du Mutter und mir lang und breit erklärt hast. Ich wiederhole deine Worte: Der arabische Ausdruck ›Huris‹, der für ›Jungfrauen‹ verwendet wird, bezeichnet in der syrisch-aramäischen Sprache die ›Weintrauben‹. Hörst du? Das sagen deine Moscheefreunde: Weintrauben! Keine Jungfrauen. Das heißt: Eine Unzahl von Männern, die in den letzten Jahren mit dieser träumerischen Jungfrauen-Vorstellung als Terroristen freiwillig in den Tod gegangen sind – sie haben erstens viele unschuldige Mitmenschen mit in den Tod gerissen. Es ist zum Erbarmen! Und zweitens: Was erwartet diese ›Märtyrer‹ in Wirklichkeit, wenn sie ins Paradies eintreten? Nichts anderes als eine tiefe Enttäuschung. Denn hinter der Himmelspforte warten nicht die versprochenen Jungfrauen auf sie, wohl aber eine Menge Obst!«

Vater Valmir ist mühsam aus seinem Sessel aufgestanden, krault in seinem langen Bart und verzieht sein faltenreiches Gesicht, aus dem die Wut gewichen ist: »Kolle, du hast richtig gehört. Diesen Übersetzungsfehler hätte ich fast vergessen. Gut, dass du mich daran erinnerst.«

Vater Valmir schaut einen kurzen Augenblick zu seinem Sohn herüber: »Hast du vorhin auch alles mitgehört, was wir – auch wegen dir – besprochen haben?«

Drei, vier Schritte sind es, die Kolle zu seinem Vater geht, um ihm die Hand entgegenzustrecken: »Vater, das möchte ich dir versprechen: Ganz und gar freiwillig gehe ich am kommenden Freitag mit dir in die Moschee.«

Vater Valmir richtet sich auf: »Du ... du begleitest mich ... freiwillig in die Moschee? Junge, das ist ja unglaublich für mich!«

»Vater, ich will dich nicht aufregen, aber ich sage dir, warum ich gehe: Ich will deine Moscheefreunde fragen, ob es stimmt, was sie sagen, dass die *besten* Abschnitte im Koran aus dem Buch der Christen stammen. Ob sie mir antworten oder nicht: Ich will das Buch der Christen bald kennenlernen. Es gibt eine preiswerte Ausgabe des Neuen Testamentes, damit jedermann in der Ukraine die Worte Gottes lesen und verstehen kann.«

Vater Valmir lässt sich mit verzerrtem Gesicht in seinen Sessel fallen und greift nach der Zeitung, die er raschelnd vor sein Gesicht hält. Es ist ein Grunzen zu hören, aus dem Mutter und Sohn die fast unverständlichen Worte heraushören: »Nun ... gut!«

Eva, die ehemalige Lehrerin, hört am Telefon mit Staunen die Einladung ihrer Freundin Ljuba: »Die Kleinstadt Oleva ist dir doch bekannt. Wie viele Jahre warst du am dortigen Gymnasium tätig – waren es sechzehn oder achtzehn Jahre? Komm mit uns, Eva, mein Mann Oleg und ich sind zum Weihnachtsfest dorthin eingeladen. Oleg freut sich ganz bestimmt, wenn du mit uns kommst.«

Seit ihrer Pensionierung im vorigen Jahr ist Eva nicht mehr in Oleva gewesen. Und nun die herzliche Einladung ihrer Freundin: »Eva, es gibt drei interessante Dinge, die wir dort miteinander erleben könnten. Erstens: Wir besuchen am Rande der Stadt die neue Kirchengemeinde, die vor einem Jahr gegründet wurde – mit einem lebendigen Gemeindeleben und einem hervorragenden Chor, mit Jugendkreis und einem jungen Pastor aus dem Seminar in Irpin. Zweitens: Im Jugendkreis soll eine Anzahl junger Leute sein, deren Klassenlehrerin du warst. Sie sagen, du habest sie auf den richtigen Weg geführt. Komm, lass uns hinfahren und schauen! Und drittens: Wir nehmen dich gern im Auto mit nach Oleva.«

»Ljuba, ist es dir recht, wenn ich dich morgen gegen zehn Uhr anrufe?«, fragt Eva. Denn sie hat zu bedenken: Ihre Geldbörse ist vor dem Weihnachtsfest mehr als dünn. Mit solch herzlicher Einladung ihrer Freundin hat sie überhaupt nicht gerechnet und darum ihre bescheidene Monatsrente schon größerenteils für Festtagsgeschenke ausgegeben.

Die pensionierte Lehrerin beschäftigt sich die halbe Nacht mit dem Gedanken, ob Kolle auch zum Jugendkreis in Oleva gehöre. Wie oft hat sie an diesen fleißigen Jungen gedacht, dessen Mutter Ukrainerin ist, während sein Vater aus Mittelasien stammt. Ein Einzelkind, das daheim in kärglichen Verhältnissen aufwuchs und in der Klasse doch die besten Noten schrieb. Vor Jahren hat sie seine Eltern aufgesucht und dabei feststellen müssen: Ihr Musterschüler hat unter der harten Gesetzesknute eines Vaters zu leiden, der sich als strenger Muslim ausgibt. Kolle – seinetwegen würde sie nach Oleva fahren. Also sagt sie am nächsten Morgen ihrer Freundin zu. Treffpunkt für die kilometerweite Autoreise ist der Busbahnhof in ihrer Stadt.

Nun wartet Eva bereits eine Viertelstunde am vereinbarten Treffpunkt am Busbahnhof, doch ihre Freundin ist bisher nicht eingetroffen. Es friert sie. Zwar hat sie den dicken Mantel angezogen, aber die treibenden Schneeflocken blasen wirbelnd über den Platz aus jener Richtung, aus der das Auto kommen muss, das sie abholt. Sie wendet den Flocken ihren Rücken zu. Dadurch aber verliert sie die Übersicht über die heranfahrenden Autos. Es wird doch unterwegs nichts mit ihrer Freundin und deren Mann passiert sein? Sie macht sich Sorgen. Vorsichtig schlendert sie durch den Schnee und geht die breite Front des Busbahnhofs mehrere Male auf und ab, doch zwischen den ankommenden und abfahrenden Autos kann sie den Wagen ihrer Freundin nicht entdecken.

Was tun? Macht noch längeres Warten Sinn? Der weihnachtliche Festgottesdienst in Oleva ist für zehn Uhr angesetzt – und den möchte sie auf keinen Fall verpassen. Noch einmal schreitet sie vorsichtig die Straße am Busbahnhof auf und ab – immer umschauend, ob nicht doch irgendwo in einer Ecke ihre beste Freundin auf sie warte. Vergeblich. Ob sie auf die Fahrt verzichten und nach Hause gehen soll? Das Winterwetter ist an diesem Weihnachtsmorgen ohnehin mehr als unangenehm. Es stürmt.

Sie erkundigt sich bei der Informationsstelle nach der Busverbindung nach Oleva. Als Rentnerin hat sie in der ganzen Ukraine stets das Recht auf kostenlose Busfahrten. »Der nächste Bus nach Oleva fährt um elf Uhr zwanzig«, wird ihr am Schalter gesagt. Viel zu spät!

»Junge Frau!«, ruft ein Taxifahrer: »Kann ich Ihnen

behilflich sein?« Eva bleibt einen Augenblick stehen. »He Sie! Ich beobachte Sie schon eine ganze Weile. Sie frieren sich ja kaputt. Wohin soll denn die Reise gehen?«

Ohne zu überlegen, ruft Eva zurück: »Oleva. Der nächste Bus fährt erst in knapp drei Stunden!«

Zwei Passantinnen nehmen Eva am Arm und führen sie zum Taxi: »Wir fahren auch in diese Richtung. Nicht ganz so weit, denn wir steigen vierzehn Kilometer vor Oleva aus. Dort wohnt unsere alte Tante, die wir zum Fest besuchen.«

»Aber halt! Ich habe nur 36 Griwna dabei«, sagt Eva dem Taxifahrer.

»Nun steig schon ein, du alte Dame! Merkst du denn nicht: Ich bin bereit, dich für diese geringe Summe bis zur Haustür in Oleva zu fahren.«

Erleichtert nimmt Eva ihre Korbtasche, dieses ihr lieb gewordene alte Stück, das sie seit Jahren nicht mehr benutzt hat. Ja, früher, als ihr Mann noch lebte, da haben sie beide gern Reisen übers Wochenende unternommen. Aber wie lange hat sie diese handgeflochtene Korbtasche nicht mehr benutzt!

Der Taxifahrer schüttelt entrüstet den Kopf: »Ihr umständlichen Damen: Wird's bald mit euch?« Eva steigt hinten ein, wo sich auch eine der Passantinnen eilig zu ihr setzt; die andere hat neben dem Taxifahrer Platz genommen. Die Reise kann beginnen – wenn auch stellenweise über spiegelglatte Straßen. Deshalb kommt kein Gespräch während der Taxifahrt auf: Mit Anspannung schauen die drei Frauen durch die Vorderscheibe des Lada, ein altes Modell aus dem vorigen Jahrzehnt. Aber es fährt. Froh schließt Eva ihre Augen, um Gott für diese Fahrgelegenheit zu danken.

Als sie ihre Augen öffnet, sieht sie im Rückspiegel des Autos das Gesicht des Taxifahrers. Viel davon ist nicht zu sehen, denn es ist von einem langen, schwarzen Bart eingerahmt. Eva erschrickt über seine brutalen, gefühllosen Augen, als seien sie von Hass erfüllt. Noch immer schweigen die drei Frauen – vielleicht deshalb, weil sich der Fahrer, sobald der Schneefall heftiger wird oder sein Auto ins Schleudern gerät, mit lauten Flüchen nicht zurückhält. Verhält er sich nur bei dieser Schneefahrt so oder ist sein Charakter überhaupt rabiat?

Die beiden mitfahrenden Damen scheinen mehr als erleichtert zu sein, als ihr Fahrziel erreicht ist. Beim Bezahlen des Fahrpreises atmen sie hörbar tief durch: Sie sind am Ziel – trotz des Schneewetters, trotz des uralten Wagens, trotz des rabiaten Fahrens.

Nun sind es für Eva keine zwanzig Kilometer mehr bis nach Oleva.

Der Scheibenwischer hat es schwer, die Schneemassen von der Vorderscheibe wegzuwischen. Eva ist wahrlich kein ängstlicher Mensch, aber hin und wieder, wenn der Taxifahrer wieder laut über die Schneemenge flucht, schaut Eva ihn mit Schrecken im Rückspiegel an.

»Du willst also nach Oleva?«, fragt er hart. Erst nickt Eva nur, um dann dem Fluchenden mit einem klaren »Ja!« zu antworten. Angst kennt sie nicht. Aber sie fragt sich, ob dieser Mann sich vielleicht deshalb wie ein Rohling benimmt, weil er ein Hasenherz besitzt. Solchen Menschen ist Eva schon einige Male als Pädagogin begegnet.

»Und wen gedenkst du dort zu besuchen?«

Eva kennt nicht die Straße, an dem der neue Gemeindesaal steht. Wie soll sie es ihm erklären? Bevor sie sich die Folgen klar überlegt, schießt es aus ihr heraus: »Da ist vor etwa einem Jahr am Stadtrand eine neue Kirchengemeinde entstanden. Dort will ich hin!«

»So, so! Eine neue Kirchengemeinde …«, brummt er kopfschüttelnd.

Nach einigen Fahrkunststücken über die vereiste Straße sieht Eva im Rückspiegel, wie der Bärtige seinen Mund in die Breite zieht und Lippen und Zähne zeigt: »Das ist dort, wo Kolle auch hingeht, nicht wahr? Den kenne ich.«

»Mann, das ist ja großartig! Ich hätte keinen besseren Taxifahrer finden können!«

»Dann bist du die Frau, die aus Kolle einen Christen machen will? Stimmt's?«

Eva beugt sich nach vorn: Dieser bärbeißige Fahrer kennt die Gemeinde? Er kennt ihren früheren Schüler Kolle? Unglaublich. Freude steigt in ihr auf. Freude – das Wort mag altmodisch klingen. Doch der Taxifahrer hat unerwartet Freude bei ihr ausgelöst. Eva weiß es als Christin: Spätestens dann, wenn dir jemand begegnet, der Freude weitergibt, der setzt gewollt oder ungewollt einen Strom göttlicher Liebe frei! Diese Freude löst Energie aus, die aus Gottes Ewigkeit stammt.

Glücklich lehnt sich Eva in die Rücksitzpolster zurück, als sie vom Fahrer angeschrien wird: »Deshalb habe ich dich überhaupt zum Mitfahren eingeladen. Jetzt können wir ungestört Tacheles miteinander reden. Diese Fahrt wird dir dein Leben lang unvergesslich bleiben!« Er hebt seinen rechten Arm und ballt seine Hand zur Faust.

Seine Worte wirken auf Eva wie eine kleine Schneelawine: Plötzlich fröstelt es ihr. Er will Tacheles mit ihr reden? Es entgeht ihr nicht, wie stark sein Handrücken mit blauen Tätowierungen übersät ist. Und in der Mitte dieser symbolischen Zeichen prangt ein Totenkopf!

»Und damit das klar ist ...« Fast klingen seine Worte drohend: »Mach dir wegen Kolle keine Hoffnungen!«

»Was meinen Sie mit ›Hoffnungen‹?«, fragt Eva. Ob der Taxifahrer hört, wie ihre Stimme ein wenig zittert?

Auf der Straße hat sich eine Schneeverwehung gebildet. Nicht hoch, aber der Fahrer gibt Vollgas und schreit: »Auch das noch! Und alles wegen dir!« Evas Finger krallen sich für einen kurzen Moment am Sitzpolster fest, als der Motor beim Hineinfahren in die Schneeverwehung aufheult.

Es ist geschafft! Der Fahrer holt nach diesem wagemutigen Akt seiner Fahrkunst tief Luft, um danach Eva mit überlauten Worten zu überschütten: »Ich sage dir: Mach dir keine Hoffnungen, Kolle könnte je Christ werden. Daraus wird nichts!«

Eva reagiert nicht. Sie fingert aus der Korbtasche ihr weißes Tüchlein, was der Fahrer im Rückspiegel beobachtet.

»Nun fang nicht an, Tränen zu vergießen! Das hilft dir nichts. Es wäre eine vergebliche Tränensaat, die bei mir nicht fruchtet.«

Soll sie dem Fahrer klarmachen, dass ihr wegen Kolle gar keine Tränen gekommen sind? Wenn es um ihren früheren Schüler geht: Sie hat ihn – wie schon so oft – im Gebet in Gottes starke Hände befohlen. Aber sie darf sich wegen der Aufregung vorhin bei der Fahrt durch die Schneeverwehung doch wohl noch die Nase putzen, oder?

»Ich kenne Kolles Vater. Er ist – wie ich – ein treuer Muslim. Niemals wird sein Junge Christ. So hat er es mir versichert.«

Der Fahrer verlangsamt das Tempo, dreht seinen starken Körper Eva zu, streckt ihr seine tätowierte Hand entgegen und schreit: »Geld her!«

Wieder fingert Eva in ihrem Reisekorb, um aus der Geldbörse die 36 Griwna herauszunehmen, die ihr für den Monat Dezember reichen müssen. Mehr besitzt sie nicht. Der Taxifahrer fährt noch langsamer. Er beobachtet Eva im Rückspiegel und reißt ihr blitzschnell das Portemonnaie aus der Hand. Die erschrockene Lehrerin sieht, wie der Taxifahrer ihr Geld herausnimmt und in seiner Brusttasche verschwinden lässt; die Geldbörse steckt er in seine Hosentasche. Ob sie ihn bitten soll, ihr wenigstens das entleerte Portemonnaie zurückzugeben?

Doch da schreit er schon: »So, wir sind am Ziel.« Mit lässiger Handbewegung weist er auf ein größeres Gebäude: »Aussteigen! Und merk dir: Mach mir keinen Ärger!«

Als Eva aussteigen will, springt der Fahrer aus dem Auto, um ihr behilflich zu sein. Noch einmal weist er auf das Gebäude und reicht ihr wortlos das Portemonnaie, das sie schnell in den Reisekorb legt.

»Machen Sie es gut! Kommen Sie behütet heim. Und danke fürs Herbringen. Das wird Ihnen von Gott gelohnt werden!«

Der Lada saust über den knirschenden Schnee davon.

Eva öffnet die Tür des großen Gebäudes, das vor Jahren unverkennbar als Lebensmittelgeschäft gebaut wurde. Oder als Brotladen. Es ist ein hoher, einfacher Raum. Das Kreuz – ein unbehauener Baumstamm – zieht alle Blicke auf sich. Sie schaut auf ihre Armbanduhr: Es ist halb elf durch. Der Gottesdienst hat bereits vor einer halben Stunde begonnen.

Vorn, auf dem mit Kerzen und Tannenzweigen geschmückten Podest, steht hinter dem Rednerpult eine junge Frau, die über ihr neues Leben spricht, das sie vor einem Jahr begonnen hat und nach den Worten Jesu, wie sie im Evangelium zu lesen sind, ausrichtet. Mit Hinfallen und Wiederaufstehen. Mit Enttäuschungen über sich selbst und mit neuer Mobilmachung durch die Predigten in dieser Gemeinde. Mit Trauer über den Verlust der alten Freunde und mit Freude über das Finden vieler junger Christen, die ihre neue »Familie« geworden sind. Sie spricht in kurzen, aber aussagekräftigen Sätzen.

Eva schaut, ob sie im voll besetzten Gemeinderaum irgendwo noch einen Platz finden kann, blickt aber gleichzeitig auch herum, ob ihre Freundin mit ihrem Mann irgendwo sitzt. Vergeblich.

Ein junger Mann geht nun ans Mikrofon, um seine Lebensgeschichte zu erzählen. »Ich bin Kolle Dschiani …«

Wie angewurzelt bleibt Eva stehen, um zu lauschen: Dort auf dem Podium steht Kolle! Wie hat er sich in diesem Jahr profiliert, seitdem sie ihn nicht mehr gesehen hat.

»Kolle!«, entgleitet es ihr unbewusst. Doch das ist kein Flüsterton mehr, mit dem sie den Namen ihres früheren Musterschülers nennt. Die Leute schauen sich nach ihr um: Da steht eine für sie fremde Frau und nennt den Namen »Kolle«. Woher kennt sie ihn? Sie hat mit den Tränen zu kämpfen, öffnet den Reisekorb, um ihre Brille und ihr weißes Tuch herauszufingern – und sieht zuerst ihr offenes Portemonnaie, aus dem zwei Geldscheine herausschauen. Geldscheine? Woher? Die muss der Taxifahrer hineingelegt haben, bevor er ihr die Geldbörse zurückgegeben hat. Zwei 50-Griwna-Scheine. Das sind 100 Griwna – mehr als ihre monatliche Rente! Aufgeregt hat sie ihre Brille auf die Nase gesetzt, um der

Sache auf den Grund zu gehen, und dabei nicht gemerkt: Der junge Redner hat aufgehört zu sprechen. Ja, er steigt vom Podium. Schritt um Schritt geht er durch die Mittelreihe zur Eingangstür, wo Eva kopfschüttelnd ihr Portemonnaie betrachtet.

Kolle murmelt: »Sind Sie es wirklich? Frau Lehrerin?«

Mit jedem Schritt werden seine Worte lauter – bis er vor der Frau am Eingang steht.

»Frau Lehrerin!«

Sie ist verwirrt. Eigentlich will sie sich erst in dem festlichen Raum orientieren, in dem sie zum ersten Mal steht. Gleichzeitig denkt sie an den Taxifahrer, der mit ihr Tacheles geredet hat – und ihr doch das Geld zugesteckt haben muss. Und nun steht Kolle vor ihr. Sie findet keine Worte. Den Reisekorb stellt sie zu ihren Füßen ab, denn sie will Kolle ihre beiden Hände reichen. Daraus wird aber nichts, denn er hat seine beiden Arme bereits ausgestreckt, um seine alte Lehrerin zu umarmen.

»Frau Lehrerin! Sie sind zu uns nach Oleva gereist! Großartig! Willkommen zur Weihnachtsfeier bei uns!« Und während er respektvoll seine alte Lehrerin drückt, schwillt der Applaus im Saal an. Die Gläubigen erheben sich von ihren Plätzen. Jemand ruft: »Das ist ein besonderes Weihnachtsgeschenk! Für uns alle!«

Nach dieser Unterbrechung im Programm setzt die Gemeinde ihr singendes Jubeln fort. Kinder sagen Gedichte auf, die von der Freude über die Geburt des Heilandes handeln. Die Weihnachtsbotschaft wird gelesen. Der Chor gibt sein Bestes. Währenddessen sitzt Lehrerin Eva neben Kolle, der ihr zuflüstert: »Das ist die Gemeinde, zu der ich bald gehören werde.«

Die Feier ist wie im Fluge vorbei. Als der junge Pastor der Gemeinde den Abschlusssegen zugesprochen hat, leert sich der Saal rasch. Hier und da drückt der springlebendige Pastor noch viele Hände seiner Gemeindeglieder, doch dann kommt er schnurstracks auf Lehrerin Eva und Kolle zu, um seine Freude über ihr Kommen zum Ausdruck zu bringen: »Schwester Eva, Sie haben einen langen Weg hinter sich. Heute Morgen rief bereits Ihre Freundin Ljuba an, um die geplante Reise wegen des starken Schneefalls abzusagen. Das Auto ihres Mannes Oleg sei zu alt, um sich durch den Neuschnee zu wälzen, so sagte sie. Und was mich erstaunt? Sie haben es doch bis zu uns geschafft, um mit uns das Christfest zu feiern. Welche unerwartete Freude für die Gemeinde und besonders für Kolle. Ich hatte es keinem gesagt, dass Sie kommen wollten. Als ich heute den Schnee sah, habe ich auch nicht mehr damit gerechnet, dass wir Sie bei uns zu Gast haben würden.

Darf ich Sie und Kolle einladen, bei mir daheim das Christfest fortzusetzen? Sie haben gewiss eine Menge auszutauschen. Seien Sie herzlich willkommen! Zum Übernachten werde ich sicher ein gutes Quartier für Sie finden.« Lehrerin Eva und Kolle danken für seine Herzlichkeit.

Im einfach eingerichteten Wohnzimmer des Pastors, das aber große Gemütlichkeit ausstrahlt und mit Frieden erfüllt ist, unterhalten sich Lehrerin Eva und Kolle eine Weile über die Schule und das bevorstehende Abitur.

Der Pastor hat Getränke und Gebäck gebracht und bleibt einige Minuten bei ihnen sitzen. Freudestrahlend erzählt er: »Es sind im Jugendkreis mindestens acht Abiturienten, deren Lehrerin Sie einst waren. Sie alle bezeugen, durch Sie auf den rechten Lebensweg geführt worden zu sein. Einige trauten sich vorhin nicht, Sie zu stören. Sie fragten aber, ob ihre Lehrerin heute Abend frei sei, sie zu empfangen.«

Frau Eva nickt bewegt. Ohne zu antworten, hebt sie ihren rechten Zeigefinger hoch, um anzudeuten, was die Schülerinnen und Schüler betrifft: »Das ist nicht mein Verdienst, sondern das Wirken ›von oben‹ – das Führen des Heiligen Geistes.«

Lachend wendet die Lehrerin sich nun ganz ihrem

Musterschüler Kolle zu: »Ich frage mich immer noch, wieso der Taxifahrer wusste, wer ich bin. Ich bin dem Mann zuvor noch nie begegnet. Hast du darauf eine Antwort? Und fast noch wichtiger: Wieso kennt er dich und deinen Vater?«

Kolle überlegt nur kurz, wie er es seiner Lehrerin erklären soll, macht ein nachdenkliches Gesicht und antwortet mit einer Gegenfrage: »Ist es verwunderlich, wenn einem ein markantes Gesicht mit so strahlendem Ausdruck sofort auffällt? Nicht nur Ihre Worte machen Eindruck, sondern auch Sie selbst strahlen wie ein Licht in trüber Zeit. Ich wundere mich nicht, dass der Taxifahrer sofort einen gedanklichen Zusammenhang herstellte zwischen Ihnen und unserer Stadt Oleva – und damit zu meinem Vater und mir. Das wird ihm in wenigen Sekunden klar gewesen sein.

Jeden Freitag, nach dem Gebet in der Moschee, kommen einige muslimische Männer zu uns nach Hause. Zu ihnen gehört auch der Taxifahrer. Vater hat angeordnet: Ich müsse bei diesen Gesprächen dabei sein, um von den Muslimen zu lernen. Sie reden jedes Mal zwei Stunden über Gott und die Welt. Manchmal noch länger. Und wenn die Männer mich fragen, was ich über ihre Themen denke, sage ich ehrlich meine Meinung. Ich verheimliche den bärtigen Männern auch nicht, wem ich diese

Sicht der Dinge verdanke. Und da hören sie genau hin, wenn ich ihnen beispielsweise erkläre: Worte und Taten müssen übereinstimmen – wie unsere beiden Hände, wenn wir sie zusammenlegen: Dann sind sie deckungsgleich. Das zeigt: Wir müssen nicht *mehr* sagen, als wir tun – und nicht *mehr* tun, als wir in Worte fassen können. Dann sind wir der Wahrheit nahe! ›Gut, das hören wir gern von dir‹, meinen sie. ›Wir wollen aber mehr erfahren, weil deine Weisheit uns trifft. Ehrlich gesagt: Sie geht uns unter die Haut.‹

Mein Vater ist in solchen Momenten stolz auf mich, wenn das seine Freunde mit anerkennenden Worten sagen. Das merke ich daran, dass er dann wiederholte Male seinen langen, schwarzen Bart glatt streicht. Aber sie fragen mich auch: ›Sag uns aber, Kolle, wer ist dein Unterweiser?‹ Das muss natürlich kein Geheimnis bleiben: Ich habe von Ihnen, meiner Lehrerin, erzählt und zudem so manchen Satz wiederholt, den Sie uns in der Klasse gesagt und erklärt haben. Und das ist doch erlaubt, nicht wahr?«

Die Lehrerin nickt.

Doch der Höhepunkt des Treffens mit seiner Lehrerin ist für Kolle der Augenblick, wo er ihr die Neuigkeit sagen kann: »Ich habe mich vor drei Wochen für Jesus als meinen Heiland und Lebensführer entschieden. Erst heimlich, weil ich keinen Konflikt mit meinem muslimischen Vater heraufbeschwören wollte. Aber am letzten Sonntag habe ich mich zur Taufe angemeldet.«

Lehrerin Eva drückt Kolles Arm: »Du willst ein bekennender Christ werden? Und was sagen deine Eltern zu solchem Schritt?«

Kolle kann seine Freude nicht verbergen, lacht übers ganze Gesicht – so als ob seine Lehrerin ins Volle getroffen hätte – und erklärt: »Vater meinte neulich: ›Deine ehemalige Lehrerin war stets dein Vorbild. Sie hat dir deinen Kopf verdreht. Ich weiß! Ich weiß! Das hat mir nie gefallen. Ich dachte stets: Mein Junge ist im falschen Erdteil geboren. Wäre er in der Türkei, im Iran oder in Syrien zur Welt gekommen, wäre er ein guter Muslim geworden. Aber ich sehe an deinem liebvollen Lebensstil: Die Gymnasiallehrerin hat deinen Kopf in die *richtige* Richtung gedreht. Nun gut …! Eure Liebe zu Gott und den Menschen boxt den stärksten Gegner um, der euch dann zu Füßen liegt – wie es die beiden Klitschko-Brüder als Boxweltmeister geschafft haben, ihre stärksten Gegner in die Knie zu zwingen.‹«

Kolle fährt fort: »Als Mutter diese Worte hörte, hat sie sich zuerst auf den Daumennagel gebissen, dann rannen ihr die Tränen übers Gesicht und sie sagte, während sie ihre Hand auf die Brust legte: ›Dass ich diese gute Stunde mit euch beiden erleben darf – das ist mein Lebensglück.‹«

Lehrerin Eva legt ihrem ehemaligen Schüler die Hand auf die Schulter: »Deine Zukunft wird nicht langweilig werden, weil du weißt: Du wirst gebraucht, um andere Menschen glücklich zu machen – mit der Liebe Gottes, die nie aufhört. Das gehört zu Bethlehem: Gott will *allen* helfen. Je mehr du *anderen* hilfst und sie liebst, umso mehr wirst du dich profilieren. Wer sich aber profiliert, der wird angefeindet. Rechne damit – ständig. So ist es unserem Herrn Jesus auch ergangen, und so ergeht es allen, die ihn lieben und ihm nachfolgen: Sie sind glücklich – und sie sind gleichzeitig angefeindet. Aber du spürst es schon jetzt: Gott, der himmlische Vater, beschützt und bewahrt dich. Er hat dich schon in den Mantel seiner Liebe eingehüllt.«

In Kolles Ohren klingt es wie ein Segenswort, als ihm seine Lehrerin sagt: »Wird an jedem Tag nur *ein* Herz durch dich zufrieden und glücklich gemacht, dann verbindet sich der himmlische Vater mit dir, um dich überreichlich zu segnen. Er behütet und bewahrt dich für sein neues Reich. Das Reich Gottes, das hat mit Bethlehem zu tun. Da kam der Herr Jesus zu uns. Nun geh du auch zu Menschen, die dich brauchen. Wer das versteht und tut, dessen Leben wird zum Geschenk für andere. Dir ein gesegnetes Christfest!«

Nach dem bestandenen Abitur fängt Kolle an unserem Theologischen Institut in Irpin mit dem Studium an. Dieses Institut wurde von deutschen Freunden gebaut und wird jetzt mit Spenden versorgt. Kolle sagte mir vor der Aufnahmeprüfung mit lachendem Gesicht: Er möchte darum Theologie studieren, weil er als Pastor der jungen Generation in der Ukraine die Perspektive des Weitergebens, des Weiterschenkens vermitteln wolle, denn: »Geben ist seliger als Nehmen«, wie es der Herr Jesus sagt.

Kaum hat Kolle seine Prüfung bestanden, als er vor mir steht, um Danke zu sagen. »Pastor, im Neuen Testament habe ich gelesen und anschließend gelernt: Schenken und Opfern – es kann nie mittelmäßig sein. Es macht das Leben vollauf glücklich und lebenswert. Ein paar Mal hörte ich: Auch Sie leben aus dieser göttlichen Fülle. Darum will auch ich mein Leben Gott zur Verfügung stellen – unaufhörlich.«

Ich versicherte ihm: »Die Liebe des himmlischen Vaters zu seinem Sohn Jesus ist von derselben Substanz wie seine Liebe zu dir, zu uns, damit du schon hier wie eine verbindende Brücke zwischen Gott und der jungen Generation bist. Auf dieser Brücke finden die jungen Menschen zu Gott – und damit ›nach Hause‹. Sei ein brü-

derlicher Mensch, der jederzeit bereit ist, seine Qualitäten und Gaben mit anderen zu teilen – wer es auch sei. An Gelegenheiten dazu wird es nie fehlen. Der zuverlässigste Weg für dich ist das Verstehen, Akzeptieren und Praktizieren der Gesinnung Jesu. Er wird dich mehr und mehr zu einer Persönlichkeit umgestalten, die du vorher nicht warst.«

Ich habe verstanden

Beim Öffnen der Waggontür schlägt mir ein eisiger Wind entgegen, sodass ich für einen Augenblick die Augen zukneife, als ob ich so der Kälte und vor allem dem blendenden Licht, das mich von der Schneedecke anstrahlt, ausweichen könnte. Mehreren Mitreisenden geht es ebenso, die hinter mir stehen. Einige schlagen ihren Jackenkragen hoch und drängen mich: »Mann, nun steig schon aus!« Oder: »Dalli, dalli, Eile tut Not!« Und dann stehe ich an diesem kalten Dezembernachmittag auch schon auf dem verschneiten Bahnsteig und bewege mich im Menschengewimmel dem Ausgang zu.

In der Bahnhofshalle steht ein mächtiger Tannenbaum, reich mit bunten Glaskugeln geschmückt, die inmitten von zig elektrischen Kerzenlichtern eine festliche Atmosphäre ausstrahlen. Unverkennbar: Es ist in dieser Stadt ein Fest angesagt. Ich drossle meine Schritte, denn in der Halle ist Wärme zu verspüren, die nicht nur mir, sondern so manchem Reisenden wohltut.

Auf einer Bank sitzt ein magerer, kleinwüchsiger Mann in einem abgewetzten Wintermantel – ein Nichtsesshafter? Neben ihm liegt auf einem Kartonrest sein Hund, der ein handgeschriebenes Schild zu bewachen scheint, auf dem, mit Filzstift ordentlich aufgemalt, zu lesen steht: ›Binn asylant – helffen du mir‹. Mit seinen dunklen Augen schaut er die Vorbeieilenden erwartungsvoll an wie jemand, der einen Verwandten erwartet, der just mit dem Zug angereist kommt. Doch niemand nimmt Notiz von diesem Häufchen Elend.

Kinder kleben wie Kletten an ihren Eltern, um sie im Gedränge nicht aus den Augen zu verlieren. Und wer mit Geschenkkartons beladen ist, hat selbstverständlich Mühe genug, seine Mitbringsel fest in Händen zu behalten.

Die Bahnhofshalle wird vom herrlichen Duft gebrannter Mandeln erfüllt. Nach der Reise verspüre ich plötzlich einen unverschämten Heißhunger. Sollte ich mir eine Tüte Mandeln leisten? Bevor ich meine Geldbörse aus der Hosentasche ziehe, bleibe ich stehen, um mir die Menschen anzuschauen, die an dem Asylanten vorbeieilen und ihn keines Blickes würdigen. Und noch etwas entdecke ich: Zwar stehe ich hier bereits einige Minuten, aber ich habe noch niemanden entdeckt, der auch nur einen Hauch von Freude ausstrahlte oder gar mit einem kleinen Lachen der Ausgangstür zustrebe. Jeder scheint es schrecklich eilig zu haben. Aber – für was? Rennen alle Menschen, weil Kälte sie umgibt und sie auf der Flucht vor dem Frieren sind?

Der Heißhunger meldet sich. Rege sogar. Darum

beschließe ich, mir etwas Essbares zu gönnen. Am Leckerli-Stand entdecke ich neben den gebrannten Mandeln auch heiße, saftige Würste mit Brötchen: »Bitte, zweimal«, bestelle ich, »mit Senf!«

»Sie scheinen einen guten Hunger zu haben«, strahlt die Verkäuferin mich an, als sie mir die beiden großen Portionen in die Hände drückt. »Guten Appetit!«

»Danke!«

Mein Blick fällt auf den Mann im verschlissenen Mantel, der immer noch auf der Bank sitzt – seinen Hund neben sich. Auch jetzt starrt er die Reisenden an, als ob sie seine angereisten Familienangehörigen seien. Eine heiße Wurst an solch kaltem Wintertag ist sicher auch für ihn eine Wohltat. Und wenn er kein Muslim ist, kann er den leckeren Happen gut und gern zu sich nehmen. Noch habe ich die lange Wurst nicht verzehrt, als ich zu ihm gehe, ihm mit einem Lächeln die andere heiße Wurst mit Brötchen anbiete und mit vollem Mund sage: »Für Sie!« Er stutzt mächtig, aber sein Hund knurrt freundlich. Mit zitternder Hand greift der Asylant zu: »Für mich?«

»Ja, als Gruß vom Himmel!«, lächle ich ihm zu.

»Mann, Sie – guter Mann – du meine Bruder, Dank von mir!«

In dieser kleinen Stadt am Niederrhein kenne ich mich nicht aus, darum stehe ich mehr als verdutzt an der Bahnhofstür und lasse meinen Blick über den Vorplatz hinaus in die lange Bahnhofsstraße gleiten. Und sehe ein tausendfaches Lichtermeer in grünen Girlanden, die alle zehn Meter über die weite Einkaufsmeile gespannt sind, geschmückt mit silbrig roten Glitzerkugeln. Und höre ich richtig? Da klingt durch die aufgehängten Lautsprecher ein Kinderchor, der mit hellen Stimmen trällert: »O Tannenbaum, o Tannenbaum, wie grün sind deine Blätter …«

Von ferne sehe ich nicht nur frierende Menschen vor hell erleuchteten Schaufenstern, sondern irgendwo in der Mitte der Bahnhofstraße eine Ansammlung von Kindern und Älteren. Ob es dort etwas Besonderes gibt? Langsam schlendere ich dorthin und schaue dabei wieder in die Gesichter all derer, die mit prall gefüllten Plastiktüten ein ziemliches Tempo an diesem vorweihnachtlichen Spätnachmittag vorlegen. »Fröööhliche Weihnacht überall …«, so tönt der Kinderchor durch die Lautsprecher über die Köpfe hinweg, aber von »fröööhlich … überall« ist in der Stadt nichts zu bemerken.

Und doch ist die Einkaufsmeile staunenswert geschmückt: Noch einmal schaue ich mir die lichtertragenden Girlanden an. An den Laternen hängen großeøfâë, kunstschmiedeartige Sterne mit langem Schweif – voll mit kleinen Lämpchen, die im Wechsel alle paar Sekunden in einer anderen bunten Farbe leuchten. Wohin ich schaue: Der ganze Ort ist überall aufs Beste geschmückt. Wozu? Man kann auf den Gedanken kommen: Es wird ein hoher Gast erwartet. Ja, es muss tatsächlich ein berühmter Star sein, dem ein angemessenes Willkommen bereitet wird. Oder hat sich der Bundespräsident angesagt – und die Kleinstadt will ihn mit einem herrlichen Empfang begrüßen? Oder kommt womöglich ein ausländischer König? Bedeutend muss der erwartete Gast schon sein angesichts dieser Pracht. Das hat Mühe gekostet, die Straßen und Häuser so festlich herauszuputzen und in ein Lichtermeer zu verwandeln; die Stadtväter haben wohl auch tief in den städtischen Geldbeutel gegriffen, um das zu finanzieren. Ich möchte nicht wissen, wie viel Geld diese Festdekoration verschlungen hat. Noch nie sah ich so üppigen Glanz.

Je mehr ich mich der Menschenansammlung nähere, die sich beim Kaufhaus eingefunden hat, desto mehr steigt in mir das Erwarten: Ich werde sicher gleich ein großes Ereignis erleben.

Schon drängen sich die Menschen zusammen, die aufgeregt und hier und da mit Ellenbogengewalt die besten Seh- und Stehplätze ergattern wollen. Ich wundere mich: Trotz so vieler Leute herrscht kein großes Geschnatter. Nur angespanntes Erwarten, das aber immer wieder von fragenden Kindern unterbrochen wird:

»Wann geht es denn los?«

»Wann kommt er denn?«

»Mutti, verspätet er sich immer?«

Ich schaue auf meine Armbanduhr: zehn nach fünf. Ich lasse mich von der Menschenmenge nicht weiterschieben, sondern bleibe in gewissem Abstand auf der Stelle vor dem Kaufhauseingang stehen und überblicke von dort die drängelnde Menge. Wie ein ruhender Pol komme ich mir vor, meine Reisetasche fest unter den Arm geklemmt. Man kann ja in solchem Trubel nicht vorsichtig genug sein.

Die Musik, die aus dem Kaufhaus dröhnt, wird von einem Lautsprecher übertönt. Eine Ansagerin lässt uns übers Mikrofon wissen: »Liebe Kinder, liebe Mitbürger, in wenigen Minuten erwarten wir unseren hohen Gast. Ich muss Sie bitten, eine Gasse zu bilden, damit der Aufnahmewagen des Fernsehens durch die Menge fahren kann.«

Also: Ein hoher Gast wird erwartet. Wer mag es sein? Der Aufnahmewagen des Fernsehens bahnt sich hupend, aber vorsichtig eine Gasse durch die Menge, bis er nur einige Meter von mir entfernt anhält. Vier Männer springen mit Kabelrollen und Stativen heraus, zwei weitere schultern tragbare Kameras.

Ein weiteres Auto ist dem Aufnahmewagen gefolgt – eine stolze Limousine. Menschen rufen: »Willkommen bei uns! Willkommen!« Die hintere Autoscheibe wird heruntergekurbelt. Eine Hand kommt zum Vorschein, weiß behandschuht: Ist es etwa die britische Königin Elisabeth II.? »Oh!«-Rufe, »Bravo«-Geschrei! Der Beifall weitet sich in der Menge aus – auch dort, wo noch nichts von dem »hohen Gast« zu sehen ist. Auch ich sehe noch nichts von ihm. Dann aber: Ein roter Mantel wird sichtbar. Ein langer, wallender weißer Bart kommt zum Vorschein. Ein alter Mann steigt aus dem Auto. Ein kleiner Junge fragt seine Mutter: »Ist er jetzt da? Ich sehe nichts! Kannst du mich hochheben?«

Ein Mann ruft der Menge zu: »Leute, neuer Beifall, bitte! Beifall für den Weihnachtsmann!«

Ich beiße mir auf die Unterlippe: Ist der ganze Lichterglanz wegen eines legendären Weihnachtsmannes installiert? Die teure Empfangszeremonie hätte gut zu einem Staatspräsidenten oder zumindest zu einem bekannten Popstar gepasst – so sie solchen Luxus verdient haben. Aber all die Girlanden mit den Zigtausenden von farbenwechselnden Lichtern für einen kostümierten Weihnachtsmann? Diese Stadt muss wahrlich im Geld schwimmen. Und aus welchen Portemonnaies wird dieser unnötige Aufwand bezahlt? Aus denen der Bürger? Überlege und rechne einmal!

Was hätte ich – als Mann der Mission – mit so viel Geld in Albanien, im Kosovo, in Rumänien und in der Ukraine an Not wenden können! Schreiende Not! Besonders bei den frierenden, hungernden Straßenkindern, die oft krank und einsam nachts unter parkenden Autos – ohne Decken, ohne Medikamente – liegen. Und wer hilft ihnen, wenn wir es nicht tun? Sie unter den Autos hervorziehen, ihre Wunden säubern, Brot in ihre zitternden Händchen legen, ihre Tränen trocknen, sie in eine warme Wolldecke hüllen und sie – so dreckig sie sind – drücken und sie liebend herzen!

In drei Wochen bin ich wieder in Albanien, das auch zu Europa gehört. Dort treffe ich wieder auf vielfältige, schreiende Nöte. Ohne »Fröööhliche Weihnacht überall …«! Wie machen die Gegensätze mich traurig!

Der Marktplatz muss nicht weit entfernt sein. Dorthin lenke ich meine Schritte – immer noch an hell erleuchteten Schaufenstern vorbei, immer noch unter den Girlanden mit ihren tausend elektrischen Lichtern, die quer über die Einkaufsmeile gespannt sind. Menschen gibt es in der Kleinstadt genug. Während ich mich mit meinem Köfferchen an ihnen vorbeidrücke, frage ich mich: »Ob sie morgen alle zum Weihnachtsgottesdienst kommen?«

In der Marktkirche brennt Licht. Als ich die schwere Eichentür der alten Sandsteinkirche öffne, brandet mir harmonische Musik entgegen, die meinem Herzen wohltut. Da gilt es, sich schnell von der weihnachtlichen Tingeltangel-Straßenmusik zu verabschieden. Von der Kirchenempore höre ich eine Altstimme, die vom Orchester begleitet wird:

Bereite dich, Zion, mit zärtlichen Trieben,
den Schönsten, den Liebsten bald bei dir zu
sehn!

Herrlich, solch ein Orchester in leisen Tönen spielen zu hören! Ich bin völlig überrascht, ja beglückt. Probt der Chor mit dem Orchester das Weihnachtsoratorium von Johann Sebastian Bach für ein Weihnachtskonzert? Oder gar für morgen Abend, wenn ich hier predigen soll?

Schon setzt der mächtige Chor zu den brausenden Klängen des Orchesters ein:

> *Wie soll ich dich empfangen*
> *und wie begegn' dir?*
> *O aller Welt Verlangen,*
> *o meiner Seelen Zier!*
> *O Jesu, Jesu, setze*
> *mir selbst die Fackel bei,*
> *damit, was dich ergötze,*
> *mir kund und wissend sei.*

Kullern mir die Tränen über die Wangen, weil es hier in der Kirche recht angenehm warm ist – im Gegensatz zu der kalten Abendluft draußen? Als ich die Handschuhe abstreife, um mein Gesicht zu trocknen, sehe ich vorn im Chorraum einen Mann bei der Arbeit: Er macht sich auf einer Leiter an dem hohen Tannenbaum zu schaffen, der vor dem Abendmahltisch aufgestellt worden ist. Und während der Tenor singt, gehe ich langsam zu dem Mann im Chorraum – im Takt zum gesungenen Evangeliumstext. Die klare Stimme des Sängers füllt von der Empore den gesamten Kirchenraum aus. Schritt um Schritt nähere ich mich dem Mann, der sich viel Mühe mit dem Schmücken des Baumes macht:

*Und – sie – gebar – ihren – ersten – Sohn
und – wickelte – ihn – in – Windeln
und – legte – ihn – in – eine – Krippe …*

Der Mann muss mich beobachtet haben, denn er steigt von seiner Leiter herab und kommt – seine Hände voll mit Dochtschnüren – auf mich zu:

»Pastor Rötting, ich freue mich, dass Sie zu uns gekommen sind. Ich bin der Küster an der Marktkirche«, sagt er im Flüsterton, um den Gesang auf der Empore nicht zu stören. Er legt die Dochtschnüre auf den Boden und reicht mir die Hand: »Norbert Ebbinghaus. Pastor Rötting, ich kenne Sie von Ihren Büchern her. Kommen Sie, wir gehen in die Sakristei. Da können wir uns unterhalten. Denn ich habe Ihnen so manches für den morgigen Weihnachtsgottesdienst zu sagen.«

Vor der Sakristei bleibe ich kurz stehen. Von hier aus sehe ich Chor und Orchester auf der Empore. Der Chor hat soeben eingesetzt:

*Er ist auf Erden kommen arm,
dass er unser sich erbarm
und in dem Himmel mache reich
und seinen lieben Engeln gleich.
Kyrieleis!*

Die Sakristei mit ihren Sandsteinmauern ist wie eine kleine Kapelle eingerichtet. Ein »leeres« Kreuz: Jesus hängt nicht daran, was an seinen Ostersieg erinnert, als Gott den Sieg über Sünde und Tod errungen hat. Darunter liegt eine aufgeschlagene Bibel, was wohl andeutet: »Lies darin! Alles stimmt, was über Jesu Sieg geschrieben und über *unsere* Auferstehung von den Toten zu sagen ist.« An der Wand hängt ein großes Ölgemälde: Über einen Verletzten beugt sich der Samariter, um zu helfen, um zu retten. Die Samaritergestalt könnte auch der Herr Jesus sein: Er lässt den Ausgeraubten und Verletzten nicht unter dem kahlen Dornbusch liegen. Er packt zu. Und der Gerettete scheint es ihm mit herzlichem Blick zu danken.

Seine Augen lassen mich für einen Augenblick an den Asylanten denken, der sich mit seinem Hund in der Bahnhofshalle aufhielt. Die Augen des Asylanten gleich doch sehr dem Ausgeraubten, der von Jesus gerettet wird. Und während ich zuschaue, was das Bild mir sagen will, höre ich in der Kirche die Bass-Arie:

> *Großer Herr, o starker König,*
> *liebster Heiland, o wie wenig*
> *achtest du der Erden Pracht!*
> *Der die ganze Welt erhält,*

ihre Pracht und Zier erschaffen,
muss in harten Krippen schlafen.

Küster Ebbinghaus erklärt mir den Ablauf des morgigen Weihnachtsgottesdienstes. Erst die Eingangsbegrüßung mit dem Wort aus dem Titusbrief: »Gott hat den Heiligen Geist reichlich über uns ausgegossen durch Jesus Christus, unseren Retter …« Nach einem weiteren Lied folgt die komplette Lesung der Weihnachtsgeschichte aus dem Lukasevangelium. Vor meiner Predigt singen und spielen Chor und Orchester den ersten Teil des Weihnachtsoratoriums. Dann meine Wortverkündigung.

»Haben Sie, Pastor, einen bestimmten Text, über den Sie predigen werden«?

»Ja, habe ich: Evangelium nach Johannes, erstes Kapitel:

Das Wort wurde Mensch und lebte unter uns.
Wir selbst haben seine göttliche Herrlichkeit
  gesehen,
wie sie Gott nur seinem einzigen Sohn gibt.
In ihm sind Gottes vergebende Liebe und Treue
zu uns gekommen.

Schnell habe ich mir ein paar Notizen zu der Ordnung des morgigen Weihnachtsgottesdienstes gemacht, die Küster Ebbinghaus mir vorgibt: »Ach ja! Das hätte ich fast vergessen – das Übliche: Vor dem Abschluss des Festgottesdienstes singt die Gemeinde noch ein Lied und danach empfängt sie den Segen.«

Als wir uns die Hand geben, meint der Küster: »Jetzt muss ich mich wieder um den mächtigen Weihnachtsbaum kümmern – in diesem Jahr wird er ohne die übliche elektrische Beleuchtung erstrahlen. Es werden weiße Wachskerzen angezündet – nach meiner Methode. Alle Kerzen sind nämlich miteinander durch eine Wachsschnur verbunden. Das hat selbstredend eine symbolische Bedeutung. Pastor, Sie werden es erleben: Ich werde morgen nur *eine* Kerze anzünden. Dann läuft über die Wachsschnüre das Feuer in alle Richtungen und steckt mehr als fünfzig Kerzen an. Das Ganze ist anzusehen wie ein Lauffeuer. Na, Sie werden sich freuen!«

Norbert Ebbinghaus hebt in der Kirche seine Wachsschnüre vom Boden auf. Ich will zur Empore – aber Chor und Orchester haben bereits ihre Probe abgeschlossen: Die Kirche ist leer. Als ich zur Tür gehe, jubelt in mir der Engelsgesang:

> *Ehre sei Gott in der Höhe und Friede auf*
> *Erden*
> *und den Menschen ein Wohlgefallen.*

Und summend füge ich hinzu: »Ja, Gott hat Wohlgefallen – auch an uns – heute und morgen!«

Als ich am nächsten Tag nachmittags auf dem Weg zur Marktkirche bin, stören mich die Straßengirlanden ebenso wenig wie die Weihnachtsmusik, die in den verschiedenen Geschäften mit je verschiedener Lautstärke vor Weihnachten noch Kunden in die Läden locken soll.

Da – höre ich richtig? Posaunen! Je näher ich dem Marktplatz komme, umso deutlicher höre ich das Blasen des Chorales:

> *Die Nacht ist vorgedrungen,*
> *der Tag ist nicht mehr fern.*
> *So sei nun Lob gesungen*
> *dem hellen Morgenstern!*
> *Auch wer zur Nacht geweinet,*
> *der stimme froh mit ein.*
> *Der Morgenstern bescheinet*
> *auch deine Angst und Pein.*

Das Tempo meiner Schritte erhöht sich, so als ob ich den nächsten Vers voll und ganz einfangen müsste. Da – die Bläser stehen unter den Laternen vor der Marktkirche. Trotz der Kälte: Sie musizieren wie aus einer anderen, himmlischen Welt. Und als ich bei ihnen stehe, höre ich nicht nur die Posaunenklänge. Es singen Leute mit mir:

> *Noch manche Nacht wird fallen*
> *auf Menschenleid und -schuld.*
> *Doch wandert nun mit allen*
> *der Stern der Gotteshuld.*
> *Beglänzt von seinem Lichte,*
> *hält euch kein Dunkel mehr,*
> *von Gottes Angesichte*
> *kam euch die Rettung her.*

In der Kirche halten die Besucher Ausschau nach Sitzplätzen. Gedämpftes Licht macht die Sucherei für Ältere schwierig, während junge Leute bereits an den Wänden stehen; einige von ihnen haben es sich auf den Stufen des Chorraumes bequem gemacht.

Ich befinde mich schon im Pastorengestühl, als die Orgel mit leisen Tönen ein Vorspiel zum Choral einleitet, um dann mit einem kräftigen Crescendo das Eingangslied zu intonieren. Die Gemeinde singt, ja jubelt. Es ist ein Fest im Gange!

Noch hängt der letzte Ton im Kirchengewölbe, spreche ich auch schon ins Mikrofon: »Herzlich willkommen zum Fest! Denn Gott hat den Heiligen

Geist reichlich über uns ausgegossen durch Jesus Christus, unseren Retter. Das ist Grund zur Freude – für uns alle!«

Wieder jubiliert die Gemeinde und nun begleitet der Posaunenchor das Lied von Jochen Klepper:

> *Sieh nicht, wie arm du Sünder bist,*
> *der du dich selbst beraubtest.*
> *Sieh auf den Helfer Jesus Christ!*
> *Und wenn du ihm nur glaubtest,*
> *dass nichts als sein Erbarmen frommt*
> *und dass er dich zu retten kommt,*
> *darfst du der Schuld vergessen,*
> *sei sie auch unermessen.*
>
> *Wie schlecht auch seine Windeln sind,*
> *sei dennoch unverdrossen:*
> *Der Gottessohn, das Menschenkind*
> *liegt doch darin umschlossen.*
> *Hier harrt er, dass er dich befreit.*
> *Welch Schuld ihm auch entgegenschreit –*
> *er hat sie aufgehoben.*
> *Nicht klagen sollst du: loben!*

Kaum dass das Klepper-Lied verklungen ist, kommt der große Augenblick für Küster Norbert Ebbinghaus: Feierlich schreitet er zum Pracht-Tannenbaum, zündet an einem der untersten Zweige eine einzige Kerze an, die nach links und rechts das Feuer über die Wachsschnüre an die nächsten weißen Kerzen weitergibt. Tatsächlich! Seine »Methode« klappt: In wenigen Augenblicken ist jede Kerze angezündet – bis oben in die Baumspitze hinauf. Die Besucher in der Kirche äußern ein erstauntes »Ah!« oder »Oh!«. Wohl jeder hat nun verstanden: Brennt in uns auch nur *ein* kleines Lichtlein, nämlich die Jesus-Liebe, und wir geben dieses Feuer an andere weiter, dann werden die anderen um uns herum wieder Hoffnung schöpfen und nicht vor Kälte sterben.

Ein junger Posaunenbläser ist nach vorn gekommen und liest die Geschichte von der Geburt Jesu, die ergreifender nicht erzählt werden kann. Er klappt bedächtig die Bibel zu und sagt sein »Amen« – und schon setzt der Chor, begleitet vom Orchester, von der Empore mit brausendem Gesang ein:

> *Jauchzet, frohlocket, auf, preiset die Tage,*
> *rühmet, was heute der Höchste getan!*
> *Lasset das Zagen, verbannet die Klage,*
> *stimmet voll Jauchzen und Fröhlichkeit an!*

Es ist wie im Himmel um Gottes Thron. Der Jubel möge noch eine Weile währen – so geht es mir durch den Sinn.

Doch nun muss ich predigen, lese den biblischen Text und habe drei Teile vorbereitet:

»Erstens: Gott kommt zu uns. Der Weltenschöpfer wird selber Geschöpf. Keiner soll auf die Idee kommen: Gott spielt zu Weihnachten ein bisschen Theater – wie einer, der sich einen Bart anklebt, um den Weihnachtsmann zu mimen. Gott kommt völlig anders. Er wird in Jesus durch und durch Mensch. Ganz arm. Er setzt sich unserer Welt aus. Er teilt unser Los und wohnt unter Menschen – er wohnt bei Leuten wie dir und mir. Und warum tut er das? Weil er uns unbeschreiblich liebt.

Zweitens: Gott will uns erreichen. Uns gewinnen – für sein neues Reich. Dieses Reich beruht nicht auf Macht und Gewalt. Es wird von Gottes Herzlichkeit und Güte, von Vergebung und durch Versöhnen regiert. Kurzum: Gottes unendliche Liebe macht das alles möglich. Alle können in dieses Reich eintreten. Überhaupt: Niemand braucht ohne Gott durchs Leben zu gehen – und damit ohne Sinn und Halt.

Drittens: Und wie kommt jemand in Gottes Reich? Jesus lebt bei uns, mit uns. Er hat uns Menschen nicht nur das Reich Gottes gepredigt: Er hat es vorgelebt. Was Jesus sagt, das tut er auch. Und wir? Es braucht unsererseits nur ein eindeutiges »Ja, Herr Jesus«. Ja! Sich ihm zugehörig erklären, ihm nachfolgen – in seiner Gesinnung. In ihm sind Gottes vergebende Liebe und Treue zu uns gekommen. Das zählt …«

Noch bevor ich den dritten Teil der Predigt beenden kann, steht ein junger Mann auf und murmelt halblaut vor sich hin: »Ich habe verstanden!« Und noch einmal: »Ich habe verstanden!«

Ich predige zwar weiter, aber er stört mich. Die Gottesdienstbesucher schauen zu ihm und flüstern: »Was sagt er?« Die Konzentration auf die Predigt scheint dahin zu sein. Darum unterbreche ich die Rede und frage den jungen Mann von der Kanzel aus: »Was sagst du?«

Er schaut mich entgeistert an. Nach einigen Schweigesekunden kommt seine Antwort: »Ich habe verstanden!«

Ich frage: »Was hast du verstanden?«

»Noch nie habe ich mir vor Augen gehalten: Gott öffnet mir sein Reich. Immer dachte ich: Ich bin verloren. Auf ewig. Weil ich ein Sünder bin. Nein, kein großer Sünder. Aber ein *ständiger* Sünder. Mit einem verhärteten Herzen. Und nun sagen Sie: Niemand braucht ohne Gott durchs Leben zu gehen.

Sein ewiges Reich ist für alle da. *Das* habe ich verstanden …!«

»Mann, ich lade dich nach dem Gottesdienst zu einem Gespräch unter vier Augen ein. Einverstanden?«

»Ja, das ist gut«, meint er und fügt hinzu: »Und dann reden wir auch darüber, was Sie soeben gepredigt haben?«

»Selbstverständlich.«

Der junge Mann bleibt stehen. Hat er noch etwas auf dem Herzen?

»Ich habe verstanden …« Er spricht nun deutlich zu den Leuten in der Kirche: »… ich werde Gott nicht länger warten lassen.«

»Warten lassen?«, frage ich ihn: »Auf was? Wozu?«

Die Tränen rollen über sein Gesicht, als er kleinlaut sagt: »Auf meine Antwort. Auf meine Hinwendung zu ihm. Auf meine Liebe zu Jesus.«

Als der junge Mann sich wieder auf seinen Platz hinsetzt, fügt er seinen Sätzen – wieder murmelnd – hinzu: »Gott hat mich lieb. Sehr lieb. Das habe ich verstanden.«

Ich spare mir den Abschluss des vorbereiteten dritten Teils der Predigt und schließe spontan: »Eine Krippe, etwas Stroh, ein Tuch und wärmende Hände – kann Gott ärmer zur Welt kommen? Und doch muss ihm niemand wertvolle Geschenke bringen. Alle sind ihm willkommen – so wie sie sind. Jeder kann es verstehen: Jesus, Gottes Sohn, wird arm, damit jeder die gleiche Chance hat – und auch wir in seiner Nähe sein können. Eines ist sicher: Jesus möchte niemand an seiner Seite missen. Dich nicht – mich nicht. Und außerdem: Er beschenkt einen jeden von uns – mit seiner unvergänglichen göttlichen Liebe, mit der wir alle gut *leben* können – und die wir alle gut an andere weitergeben können. Darüber freut sich Gott. Und er freut sich nie umsonst. Amen.«

Nach dem Gottesdienst haben wir uns mächtig gefreut, der junge Mann noch mehr als ich. Denn er hat sein Leben dem lebendigen Gott ausgeliefert – mit all der vergangenen Schuld – und dadurch Raum in sich geschaffen, Gottes Liebe bei sich wohnen zu lassen. Das war ein weihnachtlicher Schritt in Gottes Reich hinein. Die Engel Gottes haben sich wohl mächtig gefreut: Da ist wieder jemand, der verstanden hat, wie es ist, ein Kind Gottes zu sein. In Jesu Namen segnete ich ihn und sprach ihm die Liebe Gottes zu. Das Besondere daran: Es ist nicht Gottes Art, uns kleinlich zu segnen. Gott, weil er groß ist, gibt uns stets aus seiner Fülle – zum Weitergeben an andere.

Beim herzlichen Verabschieden sagte ich dem jungen Mann: »Alles, was noch über Gott zu sagen ist, gilt – jetzt zur Weihnacht und an allen Tagen des kommenden Jahres: Er schließt dich gern in seine Arme und er will dich nie mehr an seiner Seite missen.«

Von Gerhard Jan Rötting sind erschienen:

Erzählbände (jeweils 112 Seiten)

Als Schmuggler Gottes unterwegs
Bestell-Nr. 5.122.000

Als um Mitternacht eine fremde Gestalt erschien
Bestell-Nr. 5.122.001

Als ein Schatz in der Hirtenhütte entdeckt wurde
Bestell-Nr. 5.122.002

Als ein Engel das todkranke Mädchen besuchte
Bestell-Nr. 5.122.004

Als die Königin die Gefängnistür öffnen ließ
Bestell-Nr. 5.122.006

Als zur ersten Weihnacht ein neuer Ofen die Hütte wärmte
Bestell-Nr. 5.122.007

Als ein Doppelmörder vom »Schalom« überrascht wird
Bestell-Nr. 5.122.008

Als der kleine Junge ein großes Wunder erlebt
Bestell-Nr. 5.122.009

Als Pferd und Fohlen zu Weihnachten im Stall ankommen
Bestell-Nr. 5.122.010

Lasst mich wieder euer Kind sein
Bestell-Nr. 5.122.011

Letzte Chance für den Sohn des Ministers
Bestell-Nr. 5.122.012

Das Weihnachtsbaby wird gerettet
Bestell-Nr. 5.122.013

Nina, lauf um dein Leben!
Bestell-Nr. 5.122.015

Das Wunder in der Weihnachtstüte
Bestell-Nr. 5.122.018

Taschenbücher

Wunder im Kosovo, 112 Seiten
Bestell-Nr. 5.122.606

Moin, Moin, Herr Pastor, 224 Seiten
Bestell-Nr. 5.122.612

Bildbände (jeweils 48 Seiten)

Dich erfüllt ein bleibender Segen
Bestell-Nr. 5.123.500

Dich behütet ein wachsamer Engel
Bestell-Nr. 5.123.504

Dich erwartet eine gesegnete Zukunft
Bestell-Nr. 5.123.513

Dich verlässt die Hoffnung nie
Bestell-Nr. 5.123.518

Folgende Titel von G. J. Rötting sind erhältlich bei:
Mission »Ost-West« · 35649 Bischoffen

Erzählbände (jeweils 112 Seiten)

Bram, mein Musiklehrer

Als mit der Dorfhochzeit der Friede kam

Bildbände (jeweils 48 Seiten)

Dich trägt eine starke Hand

Dich umhüllt die ganz große Liebe